BERNARD RAQUIN

La PNL au quotidien

Découvrir ses comportements psychologiques

jouvence EDITIONS

Du même auteur aux Éditions Jouvence

L'Analyse Transactionnelle au quotidien, 2004
Les styles de personnalité, 2004
Maîtrisez vos scénarios de croyances, 2004
Ne plus se laisser manipuler, 2003
La réconciliation, 2003
Pratique de l'auto-hypnose, 2002

Collection Pratiques Jouvence

La compassion pour seul bagage,
Rosette Poletti & Barbara Dobbs, 2004
La réponse apaisante au stress,
Vito Mariano Cancelliere & Francis de Riba, 2003
Le focusing, Béatrice Bellisa, 2003
Scénario de vie gagnant, Christel Petitcollin, 2003
Émotions, mode d'emploi, Christel Petitcollin, 2003
La Communication NonViolente au quotidien,
Marshall B. Rosenberg, 2003
Donner du sens à sa vie,
Rosette Poletti & Barbara Dobbs, 2002
La vie simple, Pierre Pradervand, 1999

Catalogue Jouvence gratuit sur simple demande.

ÉDITIONS JOUVENCE
Suisse : CP 184, CH-1233 Genève-Bernex
France : BP 7, F-74161 Saint-Julien-en-Genevois Cedex
Site internet : **www.editions-jouvence.com**
E-mail : info@editions-jouvence.com

Maquette & mise en pages : Éditions Jouvence
Dessin de couverture : Jean Augagneur

ISBN 2-88353-372-5

Sommaire

Les mots suivis d'un astérisque * sont définis dans le lexique en fin de volume.
Les exercices sont mis en évidence par un trait vertical dans la marge.

Chapitre I

Ce que la PNL va faire pour vous

« Pourquoi certains obtiennent-ils de bien meilleurs résultats que d'autres ? » C'est de cette simple question qu'est née la PNL (programmation neurolinguistique). Au départ, il s'agissait d'étudier le travail de grands thérapeutes et coachs, qui obtenaient des changements significatifs chez leurs clients. Ils avaient des personnalités très différentes, des méthodes apparemment fort éloignées. Et pourtant, en les observant, on découvrit qu'ils appliquaient des structures similaires : l'utilisation des ressources inconscientes, le *recadrage**, la *modélisation**, l'orientation vers la solution, le changement de perspective, etc. En ce sens, la PNL n'est pas une invention, mais une clarification de ce que faisaient déjà les êtres humains. Programmation : processus. Neurolinguistique : le cerveau et le langage.

Avant, les diverses méthodes thérapeutiques se voulaient non directives : elles refusaient de se fixer un objectif. À l'inverse, la PNL avait un but clairement affiché : non pas permettre aux gens de se connaître mais les aider à changer leur vie. Comment ? En élargissant les possibilités, en affinant les comportements, en détectant et utilisant des capacités inexploitées, en les vivant concrètement.

Observer les croyances pour les élargir, faire surgir vos ressources inexplorées, systématiser vos réussites, créer de nouveaux conditionnements positifs : telles sont les approches que vous propose ce livre.

L'origine des problèmes

Depuis le début des temps, on a disserté sur l'origine des problèmes. Pour nos lointains ancêtres, les maladies physiques ou mentales étaient envoyées par les dieux, pour une raison qu'il convenait d'élucider. Puis, on admit qu'il pouvait s'agir de dérèglements causés par des gènes, des microbes, des virus ou des traumatismes. La psychanalyse permit de mieux mettre en évidence le rôle du refoulement, en se centrant sur l'origine du problème. Puis la psychothérapie chercha les moyens de résoudre ces problèmes, jusqu'à s'orienter de plus en plus clairement vers la solution.

On s'aperçut également que tout ne venait pas de l'enfance. Rien n'est jamais joué définitivement. Nous sommes influencés par notre style de personnalité, par nos habitudes de pensée. Et nous réagissons par rapport à notre environnement. À tout âge, nous pouvons affiner un aspect de notre comportement.

Nos scénarios psychologiques

Or, pour atteindre cette solution, il faut connaître nos *scénarios psychologiques**. Nos pensées, nos émotions, nos réactions, nos comportements suivent un chemin déjà programmé. Tout l'art consiste à voir ce chemin, détecter vos propres mécanismes pour réorienter votre vie dans la direction qui vous convient aujourd'hui.

Que diriez-vous de choisir vos états émotionnels et de mieux utiliser vos scénarios de réussite ? Élargir ce que vous savez inconsciemment, sans savoir que vous le savez ? La quantité de choses apprises depuis l'enfance est prodigieuse, mais nous n'y prêtons plus attention, cela nous paraît naturel. L'important est que nous disposons d'une longue expérience d'apprentissage : des centaines de milliers de mots, d'images, de souvenirs, de concepts, de références. Nous sommes capables d'identifier des centaines de visages, de nombreux paysages, quantité d'espèces d'animaux, de plantes ou de produits de consommation. Nous connaissons de nombreuses techniques de bricolage, des recettes, des modes d'emploi. Notre cerveau se charge de faire des rapprochements, pour transposer une expérience dans un autre domaine. Par exemple, l'expérience du ski alpin pour l'apprentissage du ski nautique, l'équitation pour la conduite automobile, l'apprentissage du français pour apprendre l'italien, choisir des produits surgelés parce que nous savons choisir des produits frais. Nous baignons dans l'expérience et le comportement depuis notre naissance. La PNL va donc faciliter ce «transfert de technologie ».

Faites la liste de vos points forts et des qualités que vous souhaitez développer. Quels sont les mécanismes de réussite soutenant vos points forts, que vous pourriez utiliser dans d'autres domaines ? Ne vous censurez pas. Même si vous pensez que votre connaissance de l'art ne vous est pas utile pour développer votre entreprise, votre inconscient peut créer des liens inattendus. Dans les jours qui viennent, demandez-vous (dans ce cas, par exemple) en quoi un expert en art peut être utile dans une entreprise : esthétique, goût des consommateurs, présentation des produits, publicité, etc.

Les comportements déjà appris correspondent aux « équivalences » des universités. Lorsqu'on a déjà une maîtrise, on ne repart pas à zéro si l'on reprend ses études, on entre en deuxième année ou au-dessus. Il en va de même lorsque nous pratiquons ce transfert de technologie, nous n'avons pas à tout réapprendre. De plus, nos comportements peuvent bifurquer, s'élargir, introduire des différences pour en générer de nouveaux.

Participation, décision et application

Votre participation (ou celle de votre client si vous êtes professionnel) est indispensable. Si vous ne faites rien, rien ne se passera. Les thérapies qui échouent sont celles où le thérapeute manque d'authenticité et celles où le client refuse de passer à l'action ou de tester les solutions qu'on lui propose.

Les thérapies réussies sont celles où le client agit dans la réalité, même par un acte minuscule, mais répété. Ainsi, il ouvre le processus de changement.

En décidant d'appliquer quelques principes de ce livre, la PNL pourra vous aider à identifier les différentes croyances bloquantes, transformer l'incapacité en apprentissage, la culpabilité en signal d'alerte. Vous pourrez alléger les phobies et parfois les supprimer, déterminer vos buts et les moyens de les obtenir en élargissant votre cadre de perception. Un peu comme si vous lisiez le mode d'emploi de vous-même, pour exprimer votre vraie personnalité.

Le calibrage

On a beaucoup parlé de « magie » à propos de la PNL, car les gens ne comprenaient pas comment cela fonctionnait : les résultats semblaient parfois arriver miraculeusement. Or, rien n'est plus éloigné de la magie que la PNL, qui peut être au contraire un processus très rigoureux. De l'expérience dépend le résultat. Comme dans n'importe quel art ou technique, la précision augmente avec la pratique.

La première chose à faire, c'est bien sûr d'écouter et d'observer. L'observation attentive de votre interlocuteur s'appelle le *calibrage**. C'est se baser sur une constatation : nous exprimons subtilement ce que nous ressentons, par des micromouvements ou des micro-expressions involontaires. Par exemple, nous pouvons bouger très légèrement les doigts ou les pieds pour exprimer notre nervosité, notre gêne ou notre plaisir. Nos yeux vont s'écarquiller ou se serrer, la pupille se dilater ou se réduire, les lèvres gonfler ou se contracter ; la couleur de la peau peut beaucoup varier en fonction de la circulation sanguine. Ce sont en quelque sorte des ébauches d'expression, que nous ne pouvons réprimer. Elles ne sont pas universelles, identiques pour tous, mais personnalisées. Une personne pâlira pour exprimer sa joie, une autre pour exprimer sa colère. Une personne bougeant les pieds dira non, une autre oui. Le calibrage n'est donc valable que pour une seule personne.

Pour vous entraîner au calibrage, observez très attentivement vos interlocuteurs avec bienveillance, notamment leur respiration, les changements de position, le visage et le mouvement des yeux, les bras et les jambes. Le but est de faciliter la communication : par exemple, savoir si une personne qui vous dit oui avec la bouche vous dit non avec le corps ; savoir si une personne souhaite se confier davantage ; si elle semble vous en vouloir ou vous apprécier. Ainsi, vous pouvez exprimer vos questions à voix haute et dissiper d'éventuels malentendus. Pour ne pas gêner la personne observée, annoncez-lui que vous allez l'observer pour mieux la connaître.

Échange et communication

Un des mécanismes de base de la vie, c'est l'échange. Tout est en communication avec tout. Nous échangeons, avec nous-mêmes ou avec les autres, des émotions négatives ou positives, des demandes d'aide, des informations et parfois, des illusions, des attentes non exprimées.

Pour repérer vos échanges les plus fréquents, demandez-vous si vous vous sentez *congruent** (en accord avec vous-même). Quelle est la fréquence de vos émotions positives : amour, gentillesse, tendresse, fierté ? Quelle est la fréquence de vos émotions négatives : conflit, colère, peur, abattement ? Avez-vous de bonnes relations avec vous-même ? Tout échange visant à obtenir quelque chose, que voulez-vous obtenir ? Est-ce quelque chose de concret (objet, service, compliment) ou une satisfaction mentale ?

Vous pourriez décider dès aujourd'hui de continuer à améliorer ces relations avec vous-même, en vous parlant gentiment, en vous montrant bienveillant envers vos erreurs, en insistant sur ce que vous faites déjà bien. Ensuite, demandez-vous ce que vous attendez des autres. Est-ce que cela correspond à ce que vous annoncez ? Est-ce qu'au fond vous attendez autre chose que ce que vous leur dites ? L'amélioration de la congruence, c'est quand vous agissez de la même façon, en public et en privé : vos valeurs ne sont pas mises en scène pour correspondre à l'image que vous voulez donner, mais expriment votre authenticité.

Du « Pourquoi ? » au « Comment ? »

Passer du pourquoi au comment peut devenir l'une des meilleures décisions à prendre, celle qui vous donne le plus de pouvoir. Comparez : « Pourquoi est-ce que je me sens mal avec cette personne ? » avec « Comment faire pour changer les choses ? » ; « Pourquoi ai-je toujours l'impression que ma mère ne m'aime pas ? » avec « Comment accepter sa façon de m'aimer, si différente de la mienne ? » ; « Pourquoi est-ce que je n'arrive pas à maigrir ? » avec « Comment mieux choisir ce que je mange ? » ; « Pourquoi est-ce que cela se passe ainsi, et non pas autrement ? » avec « Comment puis-je faire pour que cela se passe autrement ? »

Entraînez-vous en faisant une liste de pourquoi, au moins une vingtaine. Et remplacez-les par des comment. Ainsi, vous passez du constat au projet. C'est cela, la vraie magie.

Vérifiez et adaptez ce processus pour qu'il devienne automatique et inconscient : que se passe-t-il ? Qu'est-ce que je veux ? Comment me diriger vers cela ? Quels sont les choix que je mets en place ? Comment est-ce que je les vérifie dans la réalité, en tenant compte de ce qui se passe autour de moi ?

CHAPITRE II

La structure des problèmes

LES PROBLÈMES ne sont pas des bizarreries incompréhensibles, mais le résultat d'un ensemble de facteurs. Que faut-il pour qu'un problème soit identifié comme tel ? La question semble évidente, et pourtant, chaque jour, nous croisons des gens qui voient un problème là où nous n'en voyons pas ; ou qui n'en voient pas là où nous en voyons un. Cette différence de perception entraîne de grandes différences dans la manière de vivre sa vie.

Détecter un problème demande certaines conditions dans ce qui se passe et dans ce que nous en percevons :

- **ce qui est ressenti :** impuissance, inutilité, incapacité, frustration, souffrance…
- **le commentaire que nous en faisons :** c'est trop difficile, je n'y arrive pas…
- **la façon dont c'est exprimé :** je me sens écrasé, c'est une montagne devant moi, tout s'écroule…

– **comment on voit les choses :** l'horizon est bouché, je n'ai aucune perspective…

Maintenir un problème fait appel à un certain nombre de conditions. Agir sur l'une d'elles, c'est souvent modifier notre perception. On peut aborder différemment un problème, en le considérant par exemple comme une leçon, une expérience, une énigme à résoudre, une enquête pour dénicher la solution dissimulée. Les personnes qui ont « moins de problèmes » sont celles qui en créent moins, celles qui en maintiennent moins et celles qui les règlent plus vite. Lorsque nous croisons ces personnes, nous pouvons observer les règles de leur art et nous en inspirer. Profitons de l'expérience des autres !

Commençons par la *recherche d'information* : inutile de vous noyer dans un flot de détails. Il n'est pas obligatoire de rechercher un traumatisme originel. Cherchez plutôt la structure du problème. La *répétition* et sa fréquence vous mettent sur la voie. Ce problème est-il attendu ? Se produit-il fréquemment dans les mêmes conditions ?

Détectez votre « processus de problème » en vous posant quelques questions : comment savez-vous que vous avez un problème ? Vous en êtes-vous aperçu par vous-même ou vous l'a-t-on fait remarquer ? Le voyez-vous tout de suite quand il surgit ou avec un décalage ? Aidez-vous de vos cinq sens (on appelle les *sous-modalités** les cinq sens qui traduisent la réalité en expérience identifiable) :

– **sous-modalités auditives :** bruit, voix, volume, clarté du son, etc. Imaginez que vous êtes ingénieur du son et que vous décrivez ce que vous entendez. Peut-être êtes-vous en train d'entendre la voix de quelqu'un, ou la vôtre, une musique, un bruit de la nature. « Comment est-ce que j'identifie, auditivement, qu'il s'agit d'un problème ? Est-ce que je me tiens un discours ? Sur quel ton ? »
– **sous-modalités visuelles :** la taille de l'image, sa brillance, le mouvement ou l'immobilité, la couleur… Imaginez que vous êtes réalisateur de films ou reporter, ou que vous avez une caméra vidéo. Si vous deviez augmenter votre visualisation, peut-être des formes vont-elles apparaître, des objets, des visages ou des paysages. « Quelle est l'apparence de mon problème ? Est-ce que je dispose d'une sorte d'écran mental, où je projette des formes ? Et si oui, quelles sont ces formes ? »
– **sous-modalités kinesthésiques :** ce que vous ressentez, votre respiration, le poids du ressenti (comme si c'était un objet). Imaginez que vous êtes spécialiste du toucher : masseur, kinésithérapeute, charcutier, traiteur, pâtissier, couturière. « Si mon problème était une masse, quels seraient son poids, son épaisseur, sa vitesse, sa largeur, etc. ? Ma respiration est-elle calme, haletante, hésitante, irrégulière ? »
– **sous-modalités gustatives et olfactives :** le goût et l'odorat sont très puissants dans certaines circonstances. Nous pouvons identifier des centaines d'odeur, de fleur, de parfum, de cuisine et de personnes. Imaginez que vous êtes « nez » chez

un parfumeur, œnologue, cuisinier, cueilleur de champignons. « Mon problème est-il associé à des odeurs particulières ? À un goût dans la bouche ? »

Puis faites pareil avec quelque chose que vous réussissez parfaitement : conduite, nettoyage, cuisine, etc. Clarifiez comment se traduit cette réussite : ce que vous entendez, ce que vous voyez, ce que vous ressentez, et si c'est lié au goût et à l'odorat. Ainsi, vous identifiez votre scénario de réussite, les conditions nécessaires pour qu'une expérience soit qualifiée de réussite, et le processus qui y mène.

Comparez les deux expériences, le problème et la réussite. Qu'est-ce qui les différencie le plus ? Une des sous-modalités ? Autre chose ? Il arrive que la réussite soit davantage liée au ressenti (kinesthésique) alors que nous nous plaignons mentalement du problème (auditif). Une fois que vous avez repéré la sous-modalité dominante de la réussite, modifiez les sous-modalités du problème, jusqu'à obtention d'une modification. Un peu comme si vous décomposiez le problème en ses éléments constitutifs, pour les agencer différemment.

Par exemple, si la sous-modalité dominante est la vue, modifiez l'image, rendez-la plus brillante, plus terne, plus petite ou plus large. Déplacez-la devant vous, rapprochez-la. Rendez-la plus floue, plus colorée, changez l'éclairage. Bref, tout ce qu'on peut faire avec une image.

Si la sous-modalité dominante est l'ouïe, modifiez le volume de ce que vous entendez, le ton de la voix ou la tonalité du son ; rendez-le plus vif, suave, nasillard, enfantin. Etc. Très vite, vous commencerez à acquérir la maîtrise de ce qui se passe en vous. Découvrir que vous êtes metteur en scène de votre expérience est amusant et passionnant !

Comment sortez-vous d'un problème ? Vous avez résolu quantité de difficultés au cours de votre vie. À quel moment savez-vous que vous êtes en train d'en sortir ? Comment se passe la fin du problème ? Comment apparaît la solution ? Est-ce par la réflexion, les conseils d'un ami, l'action ? La recherche de cette porte de sortie des difficultés entraîne quantité de conséquences positives. Vous pouvez l'appeler « scénario de réussite » ou avec un nom qui vous convient mieux.

Réactivation

On appelle *réactivation** d'anciennes réactions réveillées par une situation présente. Par exemple, vous avez été injustement accusé, et toute injustice vous met hors de vous. Ou vous avez été bloqué dans un ascenseur, et vous craignez de devenir fou si cela se reproduit. Mais la réactivation n'est pas uniquement négative. Nous pouvons utiliser ce principe d'une manière positive.

Associez une toute petite victoire à votre scénario de réussite pour le renforcer, et qu'il devienne plus présent dans votre vie.

« Jadis, j'ai été félicité pour un dessin. Cela peut m'aider à finir mon travail. » « Jadis, j'ai beaucoup aimé une personne rencontrée par hasard. Cela peut se reproduire un jour ou l'autre avec un inconnu. »

L'art du recadrage

On appelle recadrage le fait d'élargir le cadre de perception, pour remettre un événement dans une perspective plus riche.

Exemples : Alain se plaint tout le temps de ses collègues (situation). Mais si des rumeurs de fermeture de l'usine se propageaient, il cesserait. Ou encore : Mes enfants font du bruit. Et je préfère cela au silence de leur absence. Ou encore : Je passe pas mal de soirées seul. Ainsi, j'ai découvert qu'au lieu de m'ennuyer comme je le redoutais, je suis bien avec moi-même.

RECADRAGE EN TROIS ÉTAPES :

1. D'abord, **reconnaissez le problème**, ne niez pas ce que vous ressentez, exprimez les émotions déclenchées par la situation. Augmentez chacune des sous-modalités, ce que vous vous dites, ce que vous voyez, ce que vous ressentez. Laissez l'émotion vous envahir. Reliez-la à des expériences du passé, pour voir s'il s'agit d'une réaction nouvelle ou d'une réaction habituelle.
   Questions de base : comment est-ce que je sais qu'il s'agit d'un problème et non d'un incident ? Est-ce spécial ou ordinaire ? Dois-je y consacrer beaucoup d'énergie ou très peu ? Qu'est-ce que cela va m'apporter quand je l'aurais résolu ?

2. **Imaginez toute votre vie**, de la naissance à votre mort, comme un long chemin. Placez le problème à l'endroit actuel de votre vie. Comparez avec un problème survenu voilà dix ans et quasiment oublié.
   Questions de base : ce souci restera-t-il présent pendant dix ans ? Dans la même situation, quelle réaction ont eu des personnes que j'admire ? Quelle réaction souhaite l'aspect que j'estime le plus en moi-même ?
3. **Passez à l'action.** Question de base : quelle sera la prochaine étape instructive pour moi ? Si vous ne parvenez pas à agir, faites un échange avec un ami : il vous aide sur un point, vous l'aidez sur un autre.

Au lieu de se focaliser sur une difficulté, on la situe dans un cadre plus large, ce qui la relativise ; on la replace dans un contexte où elle devient favorable. Les problèmes sont le terrain d'entraînement de notre croissance et de notre épanouissement. Le recadrage est permanent : lorsque nous sommes englués dans une situation, des amis nous incitent à changer de point de vue, à relativiser, à attendre que cela passe, à changer d'attitude. Nous avons sans doute entendu des phrases de ce genre : « Mais enfin, ouvre les yeux... Ne t'inquiète pas, cela m'arrive à moi aussi... Au lieu de ressasser, vois le bon côté des choses... La nuit porte conseil... »

Familiarisez-vous avec votre processus de réussite, pour qu'il devienne un réflexe : définir ce qui se passe en utilisant des mots concrets, ce que vous ressentez vraiment, ce qui s'est objectivement passé. Recherchez quelle partie s'occupe de maintenir cette situation. Demandez quelle est son intention. Déterminez les croyances nécessaires au maintien du problème et les croyances nécessaires à son abolition. Examinez les retombées que le changement entraînera. Passez à l'action, avec détermination et souplesse, jusqu'au résultat.

RECADRAGE EN SIX ÉTAPES :

1. **Que se passe-t-il ?** Décrire le problème ou la situation, sans la commenter par des opinions. Utilisez un langage vidéo, comme une caméra montrant objectivement ce qui se passe, ce que tout le monde peut vérifier. Décrivez aussi ce que vous ressentez subjectivement, comment cela se déclenche. Par exemple : « Je n'arrive pas à me mettre à mes devoirs. Je fais tout autre chose, je lis un magazine, je regarde la télévision, je prends une douche, et ensuite je culpabilise. »
2. **Quelle partie de vous est responsable de cette situation ?** Parce qu'elle empêche, elle a peur, elle ne sait comment faire. Que veut-elle me dire ? « En fait, une partie de moi a peur d'échouer, une autre a envie de s'amuser. Je ne suis pas sûr que les devoirs vont m'apporter ce que j'attends… La partie responsable, je l'appellerai le petit cochon qui batifole au lieu de construire sa maison. »
3. **Quelle est l'intention positive de cette partie ?** Elle veut me faire du bien, mais s'y prend mal, par habitude ou peur de l'inconnu. « Ce petit

cochon trouve que je ne m'amuse pas assez dans la vie. Il a l'impression d'être écrasé par les soucis, et je ne lui donne aucune place. »

4. **Appelez votre partie créative,** celle que vous utilisez pour vos traits d'esprit, votre façon de cuisiner, de vous maquiller, de vous habiller, de décorer la maison, etc. Identifiez clairement cette partie, peut-être même en l'imaginant, et obtenez son accord pour générer de nouveaux comportements. « Ma partie créative, c'est un hibou portant un chapeau melon, qui évoque aussi le chat dans *Alice au pays des merveilles*, car il fume le cigare. »
5. Demandez à cette partie créative de **proposer au moins trois choix pour améliorer la situation,** régler le problème, améliorer un point. « Je demande au hibou de parler au petit cochon. Le hibou lui conseille de faire ses devoirs tout de suite, et de s'amuser autant de temps que celui qui leur en a consacré. En plus, de faire aussi ses devoirs par petits morceaux, dans les transports. Également, d'y consacrer deux heures le samedi, puis de ne plus y penser de la journée. Ainsi, il aura un bon métier et aura les moyens de faire construire sa maison par le cochon le plus travailleur. »
6. **Vérifiez les retombées** du changement. On appelle « écologie » cette étape : nous vivons parmi nos semblables et nous sommes engagés dans beaucoup de relations et d'activités. Vérifiez les réactions prévisibles de l'entourage afin de vous y préparer. « Je vois tout le monde

content autour de moi. Je suis fier et ne culpabilise plus. Le hibou conseille de prendre un mois pour mettre cela en place, pour que j'y prenne goût progressivement. »

Tous les problèmes ne sont pas égaux

Hiérarchisez les problèmes en les définissant. Il arrive qu'on se préoccupe de quelque chose qui nous dépasse, sur laquelle nous n'avons pas de prise : le temps qu'il fait, le passé, la nature humaine. Plutôt que les grandes théories, fort utiles mais lointaines, mieux vaut se contenter d'un petit acte, concret, qui va dans la direction souhaitée. Par exemple, plutôt que de se plaindre de l'état de la société, se demander quelle pourrait être sa propre contribution.

Définissez le problème qui vous préoccupe tout en le recadrant, en le rendant riche en possibilités. En général, mettre une étiquette sur un problème a tendance à l'augmenter. On le définit, on le met en case, mais le diagnostic en lui-même ne produit aucun changement. On raconte cette blague à propos de la psychanalyse, pour illustrer la manie de coller des diagnostics sur tout le monde : le retardataire résiste, celui qui est en avance est un anxieux, celui qui est à l'heure est un compulsif...

Imaginons un adolescent difficile, défini selon ses problèmes : il va être considéré comme un délinquant, un anarchiste, un sociopathe : les mots utilisés par son entourage contribueront à forger son identité, l'image qu'il aura de lui-même. Il aura tendance à penser qu'il est ce que les autres voient. Imaginez maintenant que les parents et enseignants cherchent à le définir selon ses ressources : rebelle, fantaisiste, créatif. Loin de nier les problèmes, le recadrage est un moyen rapide de les considérer comme un processus, et non quelque chose de figé. Nos problèmes sont des portes, et non des murs.

Pour devenir une *interface**, un traducteur de problèmes en opportunités, posez-vous toujours la question suivante : « Sans doute sur terre, quelqu'un a déjà vécu cette situation et en a tiré profit, sur le plan matériel, psychologique ou spirituel. Comment cela peut-il enrichir ma vie ? Si je connaissais cette personne, comment pourrais-je m'en inspirer ? Pour devenir moi-même cette personne, que dois-je orienter différemment ?

Laissez les problèmes dans le passé

Pour plusieurs raisons, on a pu, paradoxalement, s'attacher à ses problèmes, en les associant à son identité. Il arrive qu'on les considère d'une manière très personnelle, comme un bien unique. La plupart du temps, ils sont universels. Il est hautement improbable que nous soyons la première personne à les connaître. D'autres les ont vécus, d'autres les vivront.

S'il s'agit d'une pathologie (quelque chose qui vous empêche de vivre), mieux vaut consulter un spécialiste. S'il s'agit d'un problème appartenant à la condition humaine, banalisez-le : « Tout le monde le fait une fois ou l'autre, ce n'est pas si grave, je ne sais pas encore comment mais je trouverai un moyen de m'en sortir, bien des enfants considérés comme attardés se sont révélés des adultes pleins de talents, les gens disent n'importe quoi quand ils sont en colère, le vilain petit canard deviendra beau cygne, etc. »

Nous commettons fréquemment l'erreur de vouloir régler nos problèmes en comptant seulement sur notre mental et notre expérience, alors que nous pouvons nous appuyer sur notre inconscient et les capacités de l'espèce humaine. Nous ne naissons pas vides, mais emplis d'expériences transmises par nos gènes. Puis nous bénéficions de quantité d'observations et d'apprentissages ; nous les avons oubliés, mais ils forment notre structure et nous pouvons mieux les utiliser.

Certaines personnes vivent les émotions du passé… dans le présent. Par exemple, la timidité, la gêne face à l'autre sexe ou face à des gens riches, la maladresse, la dépendance affective. Ce qu'on a appris étant enfant était resté en l'état, alors qu'on peut le dépasser en reprenant l'apprentissage là où l'on s'est arrêté.

Examinez les émotions les plus clairement infantiles : colères injustifiées, bouderies, sentiment d'être incompris, etc. Demandez-vous à quoi elles vous servent aujourd'hui et comment les faire grandir. Accordez-vous une récompense chaque fois que vous vous surprenez en train de retomber dans un vieux schéma. Considérez qu'il s'agit d'un jeu, devenez votre partenaire. Ne vous jugez pas, mais encouragez-vous. « Quand je me surprends à revivre ces vieilles émotions, par quoi pourrais-je les remplacer ? » Testez plusieurs attitudes nouvelles.

Du bon usage de la plainte

Fuir les problèmes en se réfugiant dans la pensée positive ne résout rien. Ni espérer qu'ils se résolvent par magie. La plainte fait partie du développement psychologique normal. Quand la souffrance ou l'injustice est trop forte, il est naturel de se plaindre. Mais il est nécessaire d'être prudent, car la plainte peut se révéler une véritable drogue, paralysante et décourageante. Si les plaintes servent à s'excuser à ses propres yeux, à fuir ses responsabilités, elles sont toxiques. Les bénéfices qu'on en retire sont négatifs. En revanche, la plainte est utile si elle ne s'éternise pas. C'est un signal qui aide à identifier le problème et hâter la solution.

Dans les jours qui viennent, **soyez attentif aux plaintes** que vous entendez. Certaines personnes se plaignent-elles tout le temps ? Quel est le nombre de plaintes que vous exprimez en une heure, mentalement ou verbalement ? Interprétez chaque plainte comme un appel à introduire un petit changement dans votre vie. Considérez qu'il s'agit d'une porte dont la poignée est bloquée.

Rendez la plainte pénible en l'associant à une sensation désagréable. Ou rendez-la dérisoire ou amusante.[1] Ne la considérez pas comme immuable,

---

1. Pour développer l'humour par rapport à la plainte, voir notamment, du même auteur, *Rire pour vivre* et *Développez votre humour !*, Saint-Jean-de-Braye, Dangles, 2003.

mais comme une pâte à modeler. Demandez-vous ce que ferait de votre plainte un expert-comptable, un chanteur, un comédien, un enfant, un peintre, un pâtissier, un jardinier. Pour réduire son pouvoir de nuisance, transformez-la en autre chose : en chiffres, en chanson, en jeu de rôle, en dessin, en tableau, en gâteau, en parterre fleuri. Quel que soit le changement que vous introduirez, il fera fonctionner les rouages de la plainte et évitera la sclérose.

La structure de la création des problèmes

Ce ne sont pas les *faits* qui sont à l'origine des problèmes psychologiques ou relationnels, mais leur *structure* et notre façon de les *maintenir*. Les orientations actuelles de la psychothérapie ont amené à relativiser l'importance des *traumatismes* initiaux comme *facteur déclenchant*.

Un traumatisme violent peut déclencher une phobie (peur de tomber, peur de l'ascenseur, peur des insectes). Mais concernant les blocages et les problèmes psychologiques, c'est plutôt la répétition qui les fige.

EXEMPLES :

Un enfant se fait disputer par ses parents. Aucun problème. Il s'agit d'un *fait isolé*.

Un enfant se fait violemment réprimander en public par un professeur, alors qu'il est innocent de ce qu'on lui reproche. Il s'agit d'un *léger traumatisme*, mais qui sera intégré dans le développement psychologique. L'enfant découvre l'injustice, et cela lui servira pour sa croissance car il s'agit d'une expérience universelle. Il pourra se considérer comme une victime, un justicier, un humoriste, etc.

Un enfant se fait souvent disputer sans raison apparente par ses parents. Soit parce qu'ils le disputent longtemps après sa bêtise et qu'il a oublié, soit parce qu'ils sont de mauvaise humeur. On perçoit une *structure de comportement*. L'enfant commence à se dire que quelque chose ne tourne pas rond, qu'il n'est pas quelqu'un de bien. Il s'en veut.

Un enfant se fait souvent humilier en public, sans raison apparente. On voit clairement quelles émotions vont s'associer à ces moments : honte, gêne, manque de confiance en soi. Il aggrave la structure précédente, s'en veut et commence à en vouloir au monde. Cela peut devenir *un réflexe conditionné*. Avec le temps, cela devient naturel, évident, car cela renforce les croyances sur soi-même et le monde.

Mais ce n'est pas une fatalité : le traumatisme est lié à l'événement, mais surtout au sentiment qui l'entoure : humiliation, colère, secret, incompréhension. Souvent, ce qui nous marque n'est pas l'événement, mais le contexte émotionnel. La bonne nouvelle, c'est qu'on n'est plus obligé de remonter à une source improbable pour régler un problème, puisqu'en utilisant sa structure, on le règle à partir du passé, dans les moments où il s'est installé.

Association et dissociation

On appelle *association** le fait de vivre une expérience de l'intérieur. Par exemple, en se souvenant de sa dernière randonnée, voir le chemin, voir le paysage comme on l'a vécu, avec ses yeux comme caméra et ses oreilles comme micro.

La *dissociation**, c'est se voir de l'extérieur : vous vous voyez en train de marcher sur ce chemin, comme si une caméra vous avait filmé.

Le fait de se voir de l'extérieur est souvent très efficace pour atténuer les souffrances et les traumatismes.

Commencez par un problème énervant, mais sans gravité. Voyez-vous en train de le vivre comme d'habitude. Puis voyez-vous en train de vivre ce problème filmé par quelqu'un d'autre. Imaginez-vous au cinéma, en train de regarder un court métrage sur cet incident. Modifiez les couleurs, les sons, la vitesse de défilement des images. Réduisez ou agrandissez l'écran. Changez la bande-son, rajoutez de la musique, un commentaire. Que faut-il modifier pour que cela devienne juste un souvenir ? Ou un souvenir amusant ?

Si c'est trop difficile, procédez par étapes : d'abord le film vu de l'intérieur de vous, puis de l'extérieur. Vous reproduisez l'incident, puis modifiez un élément, faites intervenir quelqu'un. Vous vous remplacez par un acteur que vous aimez, puis vous élargissez le champ et voyez les cadreurs, les preneurs de son et les maquilleuses tout autour de la scène de tournage. L'idée de base est de ne pas rester victime du passé, de cesser de souffrir en vain, en agissant sur ses représentations.

La structure du maintien des problèmes

Pourquoi les problèmes persistent-ils ? Cette question turlupine les thérapeutes depuis toujours : pourquoi les gens s'enferrent-ils dans leurs problèmes ? Pourquoi persistent-ils dans l'erreur ? Pourquoi certaines personnes en proie aux émotions vont-elles aggraver le problème ?

On en est venu à soupçonner qu'une personne maintenait ses problèmes parce qu'elle en recueillait des *bénéfices secondaires**, c'est-à-dire que l'immobilisme lui coûtait moins que le changement. Souvent, les gens ont envie de changer, mais ne savent pas comment faire le premier pas. On se sent souvent incapable de faire quelque chose alors que seul l'apprentissage manque. Par exemple, une personne est souvent en colère, même si les conflits lui font perdre des amis, car elle a peur de se faire exploiter si elle se montre « trop gentille ». D'où l'intérêt de repérer la structure des problèmes et des solutions, en vous centrant sur leurs rouages, et non sur le contenu.

Notez ce que vous considérez comme un problème dans des domaines très différents. Par exemple : « Un appareil est tombé en panne, un voisin n'a pas répondu à votre salut, vous n'arrivez pas à demander d'augmentation, votre ami est souvent en retard, des gens jettent des papiers dans la rue, je n'ai pas pu aller voir mon oncle à l'hôpital et ne sais pas comment le lui dire… »

Maintenant, repérez les points communs entre ces différents problèmes : ce que vous ressentez, ce que vous vous dites, votre respiration. Question de base : qu'est-ce que cela provoque précisément en moi ? La précision de cette description permet d'agir sur les sous-modalités.

Déterminez la partie qui dépend de vous, ce sur quoi vous pouvez agir. Il arrive que les appareils tombent en panne. Je vais en savoir plus concernant l'attitude du voisin, peut-être distrait, préoccupé ou myope. Je vais m'entraîner avec un ami à un jeu de rôle pour apprendre à demander une augmentation, sans me préoccuper du résultat ; ma partie c'est de demander et non d'obtenir. Je vais dire à mon ami que, désormais, je ne l'attendrai pas plus de dix minutes et que, passé ce délai, je serai parti. Je ne peux faire l'éducation des gens mal élevés, je vais plutôt améliorer mon propre comportement et inciter quelqu'un à respecter l'environnement. Je vais appeler dès aujourd'hui mon oncle pour éviter que la gêne ne s'installe.

Faire un amalgame a tendance à augmenter les problèmes : le climat, l'économie, les douleurs physiques se mêlent pour créer un magma décourageant. En séparant les problèmes les uns des autres, il est plus facile de les maîtriser.

Repérez les sous-modalités identiques dans les différents problèmes. Par exemple, votre façon de commenter mentalement ce qui se passe, votre façon de respirer, vos conclusions, etc. L'idée est de déterminer s'il existe un scénario émotionnel qui traduit un incident en problème. Agissez sur ces sous-modalités, en modifiant un ou plusieurs éléments de l'expérience.

- **Sous-modalités auditives :** changez le volume de votre voix intérieure, murmurez, chantez ou déformez votre voix d'une manière décalée.
- **Sous-modalités visuelles :** réduisez les images que vous voyez, accélérez le film, modifiez les couleurs, rajoutez des personnages, modifiez le lieu où l'action se déroule.
- **Sous-modalités kinesthésiques :** modifiez votre respiration, bougez, étirez-vous, dansez. Modifiez aussi ce que vous ressentez : lourdeur, légèreté, température. Si vous ressentez un poids dans le plexus ou sur l'estomac, visualisez-le comme un nuage et déplacez-le vers l'extérieur.

La valeur des résistances

Jadis, quand une personne refusait de changer, on disait qu'elle «résistait ». Souvent, c'est que l'on s'y prend mal. Devant le changement, les vieux mécanismes de défense reviennent en force. Il est indispensable de les respecter et surtout de ne pas chercher à les détruire, car ils sont liés à la survie, à la sécurité.

L'art d'être humain, c'est d'être un alchimiste, transformant les difficultés en apprentissage, les échecs en expériences, les expériences en solutions. La résistance au changement sert surtout à différer le moment d'instabilité qu'il représente.

Ou encore, on peut résister au changement parce qu'on n'a pas compris ce qu'il pouvait apporter. Une partie de la population est systématiquement contre, par réflexe conditionné, avant de se laisser convaincre : il faut donc trouver le chemin adapté à chacun.

Lorsqu'on veut nous faire changer de force, la tentation est grande de renforcer nos habitudes, pour revenir à notre *zone de confort**, dans un terrain familier, où nous pouvons nous protéger ou réagir. Un peu comme si on intensifiait nos réactions de base, en nous accrochant à nos certitudes.

De même, lorsque nous sommes en crise, un autre aspect de nous-mêmes prend le dessus, en général un aspect que nous connaissons bien, souvent archaïque : une attitude que nous avions étant enfants : colère, bouderie, isolement, etc. Pourtant, derrière nos comportements d'échec, se cachent souvent des *intentions positives** : nous exprimons quelque chose qui ne nous plaît pas, au lieu d'exprimer quelque chose qui nous plaît.

Reconnaître les résistances, leur précieuse contribution à l'équilibre de notre personnalité, c'est favoriser le changement. On leur donne comme mission de s'assurer que le changement respecte les valeurs fondamentales.

L'intention positive

Il s'agit de déterminer ce qu'une émotion ou un comportement est en train de faire pour vous. Même s'il semble vous gêner ou vous nuire, il y a, derrière, une intention positive que vous pouvez utiliser. Par exemple, vous disputez votre fils. Apparence : hostilité. Intention positive : c'est pour son bien. Quel bien ? Que voulez-vous lui faire comprendre ? Est-il réceptif à cette façon de faire ? Quelles sont les fois où vous communiquez vos messages d'une manière efficace ? Avez-vous des expériences qui pourraient vous servir ? « Je vais faire comme si c'était mon patron et exprimer clairement ce que j'attends de lui. » Ou comme si c'était un petit enfant, une femme, un voisin, un touriste. La recherche de l'intention positive derrière les comportements permet de changer la façon de dire les choses. Cela offre du choix et, avec le temps, les émotions se modifient.

L'art de transformer les résistances

Fréquemment, résister fortement augmente la pression. Par exemple, dans une conversation, si chacun reste sur ses positions de principe, si chacun veut absolument avoir raison, nous pratiquons la boxe verbale, et il faut un vainqueur. Si, en revanche, on écoute l'interlocuteur, on exprime son point de vue sans chercher à l'imposer, le dialogue est plus constructif. On peut adopter une attitude similaire dans les rapports avec soi-même. Au lieu de s'imposer, de se forcer, de se reprocher, de s'en vouloir, d'exiger, on peut se montrer bienveillant, pour de meilleurs résultats. La pédagogie d'encouragements est plus efficace que la pédagogie de brimades.

Certains aspects de nous-mêmes ont beaucoup servi dans le passé, d'autres seront mis en avant dans le futur :

1. **Acceptez la résistance.** Vous avez le droit de choisir le changement lent ou rapide, ou par à-coups. Respectez votre rythme. Le meilleur chemin est celui que vous créez. Pensez aux avantages du changement, aux inconvénients de l'immobilisme.
2. **Cherchez le sentiment** que vous procure le fait de résister au changement, ce que vous voulez préserver. Ce que vous craignez de perdre, ce que vous voulez éviter : soulagement, peur de l'échec, peur d'être déçu, peur de l'effort, inutilité des efforts. Décider de changer ne fait pas changer instantanément. Cela ouvre la porte. Il faut y rajouter la constance.
3. **Découvrez le sentiment positif** que le changement peut vous apporter, un plaisir plus fort que le plaisir de ne pas changer. Négociez avec la partie de vous qui résiste. Remerciez-la de se montrer vigilante, demandez-lui de rester en veilleuse et de vous alerter si le changement va trop loin. Le principe, c'est de donner un rôle à la résistance. Au lieu de l'éliminer, faites-la participer à votre évolution.

Définissez vos objectifs et considérez vos résistances, vos objections, comme des conseillers qui veulent vous éviter de foncer tête baissée. Tenez compte de leur avis, mais uniquement au service du changement ; que cela vous guide sur la route, pour explorer le monde en toute sérénité.

La valeur des objections

Souvent, devant le changement, on se sert des objections comme d'un bouclier : « Oui, mais », suivi d'une quantité d'arguments pour justifier qu'il faut maintenir la situation actuelle. Le « oui, mais » n'est guère utile, sauf si vous le transformez en « oui et ». Par exemple : « Je devrais faire un effort – Oui, mais j'ai déjà essayé sans résultat » devient : « Je devrais faire un effort – Oui et je vais persister jusqu'à ce que je trouve la méthode qui marche ». « Ce serait bien de faire du sport. Oui, mais je me lasse vite » devient : « Oui et je vais chercher un partenaire qui pourra me stimuler ».

Faites une liste des objections qui vous empêchent de réaliser vos projets : excuses, explications, justifications, attentes, conditions… Interprétez chaque objection comme une suggestion pour comprendre, ressentir et agir différemment.

En général, les objections sont liées au manque de temps, au manque d'argent, aux tentatives inutiles, etc. Elles sont plus fréquentes si nous choisissons nos objectifs pour avoir une bonne image de nous-mêmes. Pour les réduire, assurons-nous que nos objectifs sont bien ceux que nous souhaitons atteindre. Par exemple, faire du sport pour notre plaisir, et non pas pour nous en vanter au bureau.

Transformer la rivalité en émulation

La rivalité est inévitable. On peut la transformer en conflit ou en émulation. Soit on dépensera son énergie contre soi-même et les autres, soit on l'utilisera pour progresser. Par exemple, une personne fait quelque chose de bien, vous pouvez l'envier, la jalouser ou la critiquer; vous pouvez aussi la féliciter, lui demander de vous apprendre à le faire, essayer de faire aussi bien ou mieux qu'elle. Le concurrent devient un modèle.

En général, dans les périodes d'insatisfaction, on a envie que des changements se produisent. Ce qui nous freine, c'est la peur d'être déçu. Parfois on hésite à consulter un thérapeute, alors qu'on pourrait gagner du temps. Ou par amour-propre : on ne veut pas reconnaître que l'on a besoin d'aide.

Chapitre III

La structure des solutions

Ressources et solutions

L'autre hypothèse de base est que nous disposons de toutes les ressources en nous pour régler nos problèmes. Au lieu d'être incompréhensible et capricieux, l'inconscient est une réserve d'expériences et de choix.

Si on lui en donne l'occasion, l'être humain a tendance à adopter un comportement plus adapté, qui lui donnera plus d'équilibre, évitera les conflits et les souffrances.

Cela a comme conséquences des *attentes*: attentes du thérapeute ou du coach ; attente de soi-même pour découvrir les capacités ignorées, se souvenir des solutions qui ont marché, repérer les indices indiquant l'amélioration. Les attentes par rapport aux autres peuvent être exprimées, mais sans attendre forcément que ces derniers se conforment à vos désirs.

De l'inutilité de la perfection

Certains cherchent la perfection, se jugeant très sévèrement, s'épuisant pour mériter l'estime d'eux-mêmes et des autres. Cela demande une quête constante, et comme c'est impossible, la frustration et les reproches sont inévitables. On s'en veut, on en veut aux autres et, finalement, on meurt d'épuisement.

Il est vain de vouloir être parfait ou d'agir parfaitement. Le mot « parfait » ne signifie rien de précis, c'est donc un objectif hors d'atteinte, imaginaire. Une personne qui voudrait maîtriser 100 % de son humeur avec tout le monde, en toutes circonstances, s'expose à des désillusions ou se voit obligée de jouer un rôle. Souvent, le perfectionnisme est un moyen de s'en vouloir, de mal se traiter, d'espérer être bien vu des autres ou d'éviter les reproches. L'exigence, l'intégrité, la congruence, l'authenticité sont des valeurs à développer, car elles favorisent une bonne relation avec soi-même. Comme la perfection est une grâce qui se produit de temps en temps, mieux vaut être authentique ou congruent.

Ma philosophie est plutôt de viser les 90 %. Cette règle des 90 % ne s'applique qu'aux humains, et non aux objets et aux apprentissages. Personne ne veut se contenter d'une télé ou d'une voiture qui marche 9 fois sur 10. Un musicien ne va pas jouer à 90 % de ses capacités.

En revanche, la journée peut être réussie à 90 % ; vous maîtrisez votre humeur 90 % du temps ; vous vous réveillez heureux 9 fois sur 10, etc. Cela laisse de la marge et fait baisser la pression. Vous devenez plus enclin à la bienveillance, vous pardonnant plus facilement vos petites erreurs et celles des autres.

Utilisez vos rechutes : ce ne sont pas des échecs, mais des renforcements de l'apprentissage. Analysez plusieurs choses que vous avez réussies après plusieurs tentatives : diplômes, maintien en forme, changement de travail, libération d'une habitude inutile, etc.

L'art de savoir quoi attendre

Vous connaissez peut-être des gens vivant dans une salle d'attente : ils se contentent de leur travail, de leur lieu d'habitation, de leurs relations, en attendant mieux, en attendant plus tard, en attendant un miracle. Ils attendent la vraie vie, qui tarde, et développent une certaine frustration. Or, puisqu'attendre est inévitable, autant savoir quoi attendre.

Commencez à repérer ce que vous attendez aujourd'hui, cette semaine, cette année, ou de la vie. Est-ce que je me contente de ce que j'ai, dans la frustration ? Ou suis-je heureux de ce que j'ai, dans la plénitude ?

Que puis-je faire pour faciliter ce que j'attends vraiment ? Quels sont les moments de ma vie que je souhaite maintenir ? Quelles sont les relations que je souhaite maintenir ? Quelle petite chose puis-je faire aujourd'hui ? Si un ange était intervenu la nuit dernière pour commencer à régler le problème, quel serait le plus petit signe indiquant que je vais dans la bonne direction ? Comment saurais-je que c'est en cours de résolution ?

L'idée de base, c'est de focaliser son attention sur les signes allant dans la direction choisie, sans compter sur une intervention extérieure.

L'art de susciter des miracles

Un miracle venant de l'extérieur est plutôt rare. Mieux vaut créer les conditions pour qu'il puisse se produire. Ainsi, c'est le résultat d'un processus. Les miracles sont petits, mais fréquents.

Que diriez-vous d'améliorer spectaculairement votre sens de la réussite ?

1. **Identifiez** ce que serait un miracle qui dépende de vous.
2. Une fois l'objectif défini, **cherchez la première étape** du chemin.
3. **Faites la liste** des cinq premières étapes. Si vous n'arrivez pas à les atteindre par vous-même, c'est peut-être parce que vous voulez brûler les étapes. Créez des étapes intermédiaires, par exemple : deux bis, deux ter. Décomposez chaque élément nécessaire à la réussite en éléments plus petits : les cinq comportements à avoir deviennent dix comportements, les cinq choses à vous dire deviennent dix. L'idée est que chaque élément soit très familier et accessible et que vous le provoquiez facilement : chaque chose ressentie, chaque façon de se tenir physiquement, de ressentir, de parler, chaque action. Un peu comme les skieurs de slalom ou les coureurs de

rallyes, qui repèrent soigneusement la piste avant le départ. Ainsi, ils connaissent la façon de pencher le corps, d'appuyer, de lâcher, de freiner ou d'accélérer.
Vous pouvez rédiger cette liste jusqu'à ce que chaque partie soit simple. Si vous avez besoin d'aide pour franchir certaines étapes, cela apparaîtra. Vous pouvez aussi dessiner le chemin, comme s'il s'agissait d'une course d'obstacles. Que faut-il exprimer pour atteindre la prochaine étape ? Comment saurais-je que je l'ai franchie ? Comment les autres s'en apercevront-ils ?

L'art de marcher du bon pied

Votre inconscient souhaite vous aider. Plus vous le solliciterez, gentiment, plus il vous aidera. C'est une constatation que chacun fait sans cesse : on découvre ce que l'on cherche, on remarque ce qui correspond à nos préoccupations. Une personne qui veut maigrir, ou un ancien gros, remarque les obèses. Un homme voulant s'acheter tel modèle particulier de voiture le remarque dans la rue. C'est ce que font les chercheurs et les artistes, qui deviennent habités par une idée, de jour et de nuit, jusqu'à ce que le miracle se produise : Eurêka ! Prendre l'habitude de mobiliser ses ressources, ses pensées, son imaginaire, ses expériences dans la direction souhaitée est certainement la meilleure habitude à prendre.

Le soir, **faites le bilan de la journée**, ce que vous avez réussi, ce que vous pouvez améliorer. Programmez-vous pour apprendre des choses intéressantes

dans vos rêves et vous lever de bonne humeur. Le matin, pour vous placer en situation d'attente et de curiosité, posez-vous ces questions :
- Qu'est-ce qui m'attend d'agréable aujourd'hui ?
- Quelles sont les personnes que j'aime et qui m'aiment ?
- Comment faire en sorte que la journée soit bonne ?
- Comment m'intéresser aux gens que je vais rencontrer ?
- À qui ma présence fera-t-elle plaisir ?
- Quand remarquerais-je que j'ai franchi une autre étape, parfois sans m'en apercevoir ?

L'art de prendre des décisions

Prendre une décision est parfois difficile. Non pour la décision elle-même, mais pour ses conséquences éventuelles. Les décisions sont souvent des moments de stress. Pour faciliter la prise de décision, il faut mettre à jour les sentiments que vous en espérez, en fonction de vos valeurs.

1. **Clarifiez et classez** vos valeurs par ordre d'importance : la liberté, l'amour, la solidarité, la tendresse, l'abondance, la sécurité... Ce qui est fondamental à vos yeux.
2. Puis **évaluez les conséquences** de votre décision en fonction des valeurs les plus importantes. Par exemple, si votre valeur la plus importante est la sécurité, demandez-vous si la décision aura comme conséquence de renforcer ou d'affaiblir votre sécurité. Ou : cette décision va-t-elle augmenter ou menacer votre liberté ? Ou :

cette décision va-t-elle favoriser ou restreindre l'amour ?

3. Si possible, **testez votre décision** dans un domaine où l'enjeu est faible. Un moyen très simple d'améliorer la prise de décision est votre supérette. Faites vos courses en choisissant uniquement des marques ou des produits que vous n'achetez jamais et prenez le temps d'observer ce qui se passe en vous, ce que vous vous dites, ce que vous ressentez. Vous mettrez ainsi en place un « signal de décision », qui vous indiquera quand la décision est bonne. Avec l'expérience, ce signal de décision deviendra une intuition qui vous guidera.

Félicitez-vous, entendez vos proches vous féliciter. Vous n'êtes pas prisonnier d'un choix. Vous êtes un créateur de chemins, qui mènent à des carrefours, où d'autres chemins mènent à d'autres carrefours.

Se rapprocher ou s'éloigner ?

Déterminez si vous avez plutôt tendance à vous rapprocher d'un état (rechercher la sécurité, le plaisir, la découverte) ou à vous éloigner d'un état (éviter la souffrance, la peur, la monotonie).

Examinez ce que vous avez fait depuis sept jours, pour savoir si votre tendance est plutôt d'aller vers quelque chose ou de vous en éloigner. Selon l'ordre d'importance, vous pourrez déterminer votre tendance. Vous pourrez mieux voir si vous vous sentez « coincé » et comment en sortir. Cela facilitera la prise de décisions.

Par exemple, aller vers la sécurité fait supporter mieux la routine ; aller vers la fantaisie vous incite à vous éloigner de la routine. Aller vers l'amour favorise l'indulgence envers les autres ; éviter l'amour incline au repli sur soi.

Exemple : Je vais vers les gens pour éviter la solitude ou j'ai peur de la solitude, donc je vais vers les gens. J'aime les gens et je fuis la solitude : être avec n'importe qui vaut mieux qu'être seul. J'aime la solitude et je fuis les gens : trouver n'importe quel moyen pour éviter les contacts.

L'enjeu

Nous prenons des décisions selon le prix à payer ou à gagner. Rester immobile n'a de sens que si vous êtes satisfait de votre situation.

Identifiez le prix à payer si vous ne prenez pas de décisions, et les récompenses escomptées. Beaucoup ne prennent des décisions qu'après de longues souffrances psychologiques. Sachant que vous avez pris inévitablement des décisions, réduisez le délai entre leur formulation et leur réalisation.

Réduisez l'enjeu. Par exemple, si vous appréhendez d'aborder un inconnu, dites-vous qu'il s'agit simplement d'échanger trois phrases avec quelqu'un que vous connaissiez peut-être dans l'enfance. Se rendre dans un magasin impressionnant (luxe, philatélie, antiquités, vieille librairie…) est plus facile si vous focalisez votre attention sur une seule question, plutôt que d'être impressionné par le savoir de gens d'un autre milieu.

À l'inverse, pour vous motiver, augmentez l'enjeu : cet inconnu est peut-être votre futur meilleur ami. Parlez à cette personne assise à côté de vous dans l'avion vous fera peut-être passer des heures délicieuses. Vous lever le matin pour aller courir vous offrira le regard admiratif de vos voisins.

Contrôler la taille de l'enjeu facilite la prise de décision, car l'enjeu est l'un des principaux combustibles de la motivation.

L'art de maintenir une décision

Il faut la mettre en pratique, par un engagement, même minime, par un comportement qui va dans la direction souhaitée. Le respect des engagements est le meilleur moyen d'augmenter la confiance en soi. En mettant vos actes en accord avec vos déclarations, vous vous croyez, et les autres vous croient. L'amélioration de la persévérance en est facilitée. Les obstacles deviennent une toise indiquant vos progrès.

Respecter ses engagements, c'est demander ce que vous avez prévu de demander, c'est faire ce que vous avez promis de faire. Il arrive bien sûr qu'une promesse ne soit pas tenue, par rapport au conjoint, aux enfants, aux collègues et aux proches : en général, un service n'a pas été rendu. Pour maintenir votre niveau d'intégrité intérieure, proposez un service équivalent ou supérieur. Le sentiment de satisfaction que vous en tirerez vaut tout l'or du monde et sera un puissant ancrage pour favoriser le développement de votre personnalité. Vous serez reconnu comme une personne congruente, en accord avec elle-même, et vous vous reconnaîtrez de la même façon.

Le pire, c'est de faire semblant de ne pas y penser, de croire que les autres ont oublié ou de vous faire croire que vous n'avez pas fait cette promesse. Quand nos décisions ne sont pas concrétisées, nous endommageons notre authenticité. Les décisions sont notre seule baguette magique.

L'art de changer les décisions

Il ne faut pas non plus s'enferrer dans l'erreur. Il arrive qu'on n'ose pas changer d'avis, pour garder une bonne image de soi. Ou qu'on justifie une mauvaise décision par la mauvaise foi. Comment faire la différence entre une bonne et une mauvaise décision ?

Même si vous n'aimez pas écrire, griffonner les réponses vous aidera à voir plus clair. **Répondez** mentalement ou par écrit à chaque question avant de passer à la suivante.

- Au départ, qu'est-ce qui m'a poussé à prendre cette décision ?
- Voulais-je avoir une bonne image de moi ?
- Voulais-je impressionner quelqu'un ?
- Me suis-je laissé influencer par quelqu'un ayant intérêt à ce que je prenne cette décision ?
- Est-ce que je me sens contraint ?
- Qu'est-ce que je gagne à maintenir une décision ?
- Qu'est-ce que je perds ?
- Si je me projette dans l'avenir, quelle décision provoquera le plus de satisfaction et le moins d'inquiétude ?

– Serai-je vraiment contraint de prendre cette décision, même plus tard ?
– Puis-je aménager la situation actuelle et comment ?
– En étant honnête envers moi-même, est-ce que je me cherche des excuses ?
– Est-ce de la paresse ? De l'appréhension ? Autre chose ?

Une bonne façon de voir si une promesse était justifiée ou non, c'est d'aller voir franchement la personne qui en était bénéficiaire, et de lui expliquer que vous n'allez pas la tenir. Si c'est une promesse à vous-même, voir si vous laissez vos anciens comportements gagner contre la personne que vous êtes aujourd'hui.

Être réaliste ou demander l'impossible ?

Comme toujours, les proverbes indiquent les contradictions de la nature humaine : demandez l'impossible, impossible n'est pas français ; or, à l'impossible nul n'est tenu. La PNL insiste pour que les objectifs soient réalistes et réalisables. Pourtant, l'expérience prouve que les gens échouent en se fixant des objectifs raisonnables et que d'autres réussissent avec des objectifs déraisonnables. Qu'en est-il exactement ? On oublie deux conditions : se concentrer sur ce qui dépend de nous et l'associer à la ténacité.

Souvent, on met le résultat à la place du moyen. Par exemple, l'objectif : « être riche » n'a aucun sens ; « gagner de l'argent » est plus réaliste. Ensuite, remontez en amont, vers les étapes initiales. Remplacez l'objectif « être mince » par un processus : manger plus léger, manger chaque jour cinq fruits et légumes, supprimer les laitages, le sucre et la graisse le soir. Pour atteindre un objectif, focalisez-vous sur le processus.

Il arrive aussi qu'on choisisse des objectifs non réalistes, uniquement pour ne pas y parvenir, afin de se le reprocher. En fait, on ne sait pas si le but est réaliste, avant de l'avoir atteint. On peut voir ou imaginer l'horizon, mais on ne contrôle que les prochains pas sur le chemin.

Exemples d'illusions ou d'attentes de miracles, indépendantes de sa propre volonté : vouloir changer le monde sans agir soi-même, savoir avant d'apprendre, s'estimer supérieur aux autres, estimer que la vie devrait nous réserver un traitement spécial, attendre que les autres devinent ce que l'on veut, penser que la vie sera stable et non cyclique…

Une autre attitude fréquente est ce que j'appelle la « crainte du sommet » : on fait beaucoup d'efforts et, quand on arrive au but, on fait demi-tour, de peur de réussir, de peur de s'ennuyer ensuite. Or, quand on est au sommet, on se repose, on profite de la vue et on ne tarde pas à découvrir un autre sommet à conquérir. En observant vos proches, vous serez surpris de voir ceux qui s'arrêtent près du but. Il est important de marquer la réussite, de la symboliser, de la fêter, pour qu'elle se reproduise.

Ma théorie est que nous craignons ce que nous désirons. Par exemple, si vous avez peur de faire du parachutisme, c'est que cela fait partie de votre réalité, sinon vous n'y penseriez pas. Si vous avez peur de parler en public, vous êtes probablement attiré par cette idée. Une personne qui méprise les sportifs a peut-être le désir secret de leur ressembler physiquement.

Faites la liste de tout ce qui vous effraie et voyez comment cela pourrait devenir de grandes richesses pour vous. Exemples d'objectifs qui dépendent de soi : être bien dans sa tête, apprendre une langue, se passionner pour l'Histoire ou la conquête spatiale, mincir, arrêter de fumer, améliorer l'expression de ses sentiments, développer une qualité humaine (ponctualité, humour, cordialité, fantaisie...), faire tout ce qui est en suspens...

Pour vous entraîner à prendre des décisions, **faites aujourd'hui quelque chose que vous avez différé** : passer un coup de fil, répondre à un courrier, ranger un placard, obtenir un renseignement souhaité depuis longtemps. Pour vous aider, regardez ce qui traîne sur votre bureau ou faites la liste de tout ce que vous aviez prévu de faire et qui reste en instance. En examinant sa vie sous l'angle de ce qui est inachevé, on est souvent surpris de tout ce qui traîne. En vous amusant (pas de reproches !), faites-en la liste : fuite d'eau, réparation inachevée, objet cassé, réponse à une lettre en attente, contrôle technique de la voiture, tri de vêtements à faire...

Préférez ce que vous voulez à ce que vous ne voulez pas

Cela paraît évident, pourtant, nous savons parfois mieux ce dont nous ne voulons pas, plutôt que ce que nous voulons. Mais concentrer son énergie sur ce que l'on veut éviter ne nous dirige pas vers ce que l'on souhaite. L'univers regorge de tout ce qu'on ne veut pas et de tout ce que l'on veut.

Réécrivez chacune de ces phrases en fonction de ce que vous voulez. « Je ne veux pas vivre des conflits. Je ne veux pas grossir. Je ne veux pas que les enfants se disputent. Je ne veux pas tomber malade. »

On pourrait aussi faire des listes interminables, et absurdes, de tout ce qu'on n'aura pas dans la vie. On ne vivra pas dans l'eau, ni sur une autre planète. On ne grandira pas de vingt centimètres, on ne reviendra pas en arrière ; on n'aura pas des parents différents, ni un autre passé. Se définir par rapport à ce qu'on n'a pas, ce qu'on ne veut pas, conduit à des impasses.

Soyez attentif au langage, lorsque vous définissez vos souhaits. Comparez « ne plus se disputer » avec « avoir des relations plus cordiales ». Ou « Que se passerait-il si je cessais de me disputer avec ce collègue ? » avec « Que se passera-t-il lorsque l'ambiance sera meilleure au bureau ? Que pourrais-je faire pour y contribuer ? » (Vous n'en portez pas, bien sûr, l'entière responsabilité, mais seulement votre part, ce qui dépend de vous, et non la réaction du monde extérieur). Comparez « J'en ai assez de cette situation » avec « Je dois absolument agir pour que ça change ».

Si vous deviez éliminer trois choses de votre vie, lesquelles choisiriez-vous ? Si vous deviez rajouter trois choses, lesquelles ? Que pouvez-vous faire aujourd'hui même pour vous mettre en mouvement ? Sinon, dès demain matin ?

Quelles ont été les expériences les plus instructives ? Est-il arrivé que des relations négatives mènent à du positif ? Et qu'un problème débouche sur une amélioration ? Songez par exemple aux progrès techniques, qui naissent avant tout des problèmes à résoudre : ce sont des réponses à des questions bien formulées.

Si mon problème était déjà une solution, comment le formuler ?

La cause à effet

On appelle « cause à effet » l'idée selon laquelle toute cause produit le même effet. C'est scientifiquement vrai : toute eau bouillante fait cuire les œufs, tout grand froid transforme l'eau en glace. Mais c'est humainement faux. Les conséquences de ce que nous vivons ne sont pas automatiques, puisque nous interprétons et transformons les événements. Un enfant de voyou n'est pas condamné à devenir voyou : il peut devenir aussi policier, juge, instituteur, vendeur. Cela se vérifie tous les jours. Tout handicap est une chance ignorée, tout problème un chemin vers soi.

Mais nous aimons l'idée que ce que nous vivons (l'effet) est la conséquence de quelque chose qui nous échappe (la cause). Ainsi, nous nous dédouanons à nos propres yeux. Si nous avons trop fumé, c'est la faute des fabricants de cigarettes. Si nous mangeons trop, c'est la faute de la publicité qui nous incite à choisir le gras et le sucré.

Cette conception donne peu de pouvoir sur notre vie, puisque nous sommes le jouet des événements. Le meilleur moyen d'augmenter son pouvoir est de prendre la responsabilité de sa vie. Ce n'est pas ce qui se passe qui importe, mais ce que nous en faisons. « En quoi ce que j'ai subi, ce qui m'a semblé injuste, a-t-il été la clé de mon épanouissement ? »

Les métaphores

Les métaphores sont des images (le blanc manteau de la neige, le printemps de la vie, être à son zénith, se sentir heureux comme un pinson) ou des histoires (paraboles, contes de fées, romans et films, proverbes, courtes histoires). On compare quelque chose à autre chose.

Pour faciliter le transfert de compétence d'un modèle à un autre, vérifiez quelles métaphores vous utilisez pour décrire une situation. Par exemple : un problème c'est une épine dans le pied, un trou noir, un coup sur la tête, une tempête. Une solution c'est une bouffée d'oxygène, un soulagement, un rayon de soleil.

Passez d'une métaphore à une autre, en ne comptant que sur ce qui vient de vous, et non pas sur ce qui vient de l'extérieur. Que faut-il pour que je m'enlève cette épine du pied ? Que je sorte du trou noir ? Que j'évite ce coup sur la tête ou que je l'apaise ? Pour me réfugier pendant la tempête ? Que faut-il que je fasse pour déclencher une bouffée d'oxygène, être soulagé, apercevoir un rayon de soleil ?

La modélisation

On appelle *modélisation** le fait de s'inspirer d'un modèle pour reproduire des croyances et des comportements plus efficaces. L'exemplarité est la meilleure manière d'enseigner.

Modélisez quelqu'un que vous admirez. Demandez-vous quelles sont ses croyances, ses enthousiasmes, ce qu'il se dit, ce qu'il ressent, ce qu'il visualise. Devenez lui pendant un certain temps, glissez-vous dans sa peau pour voir le monde de son point de vue. Quelles sont les croyances nécessaires pour agir comme il agit ? Ce qu'il pense des gens ? Comment il veut contribuer à la société ? Ce qu'il veut obtenir ? Quelles sont les valeurs qui l'animent ?

Pour progresser, nous avons besoin d'exemples. L'idée est de proposer de nouveaux choix à votre cerveau, à votre inconscient, pour élargir les modèles que vous possédez. Par exemple, si vous avez l'impression de manquer de ressources face à une situation, inspirez-vous des ressources de quelqu'un qui résout facilement cette situation. Vous pouvez utiliser aussi un ami ou une personne admirée, comme une métaphore. Par exemple, comment votre ami Jacques se sortirait-il de cette situation ?

L'inconscient, la mémoire

Notre mémoire sélectionne certains faits. Nous pouvons l'inciter à mieux choisir les événements. Demandez à votre inconscient de rechercher les expériences réussies, tous les contre-exemples par rapport au problème. Pourquoi certaines attitudes ont-elles conduit à l'échec, et d'autres à la réussite ? Que faut-il modifier dans la façon de faire pour modifier les résultats ? Repérez les différences entre ce qui marche et ce qui ne marche pas, pour mieux connaître votre « mode d'emploi ».

En faisant la liste des contre-exemples, lorsque le scénario d'échec n'a pas fonctionné, repérez les moments de retournement. Ce qui a fait bifurquer le scénario d'échec en scénario de réussite, était-ce une décision ? un ressenti ? une phrase que vous avez dite ? un conseil dont vous vous êtes souvenu ?

Pour dialoguer avec son inconscient, il n'est pas nécessaire d'être en transe. L'important est de focaliser votre attention sur le but à obtenir et le chemin à poursuivre. Comme quand vous êtes au volant : ce sont vos yeux qui guident la voiture.

Supposez que les solutions se sont déjà produites. Si vraiment ce n'est pas le cas, expliquez que les humains ont toujours su régler les problèmes, et faites confiance à l'inconscient pour dénicher des ressources méconnues, des petites graines presque invisibles.

Supposez que cela va se produire, de façon à créer des choix dans les représentations du futur.

Imaginez après la première étape, puis la seconde, le résultat final, ce que vous allez ressentir. La pensée positive, la méthode Coué ne fonctionnent que si c'est associé à une puissante émotion.

Reconnaître ce qui se passe en soi fait souvent baisser la pression. Au lieu de se battre contre soi-même ou contre la vie, on acquiert plus de pouvoir en acceptant la situation pour s'en échapper. Pour sortir du trou, il faut accepter d'y être et trouver les moyens d'en sortir.

Comparez : « Il m'est décidément impossible d'arriver à l'heure » avec : «Je vais m'amuser à arriver à l'heure trois fois cette semaine ».

Comparez : « Je ne comprends vraiment pas le comportement de mon fils » avec : « Les comportements que je ne comprends pas encore sont une richesse, mon fils a sans doute de bonnes raisons de communiquer comme il le fait, et je les comprendrais sans doute un jour ».

Votre langage augmente votre pouvoir

Depuis le plus jeune âge, nous sommes des êtres de langage. Nous définissons tout ce qui nous entoure, ce qui est visible, ce qui est invisible, mais aussi le passé, l'avenir et des idées abstraites. Le langage n'est pas un outil passif pour décrire les événements ; décrire, c'est orienter. Ainsi, vous pouvez utiliser le langage pour modeler l'expérience.

Une personne ayant peu de vocabulaire ne pourra définir sa réalité qu'avec peu de mots, donc pauvrement. Une personne plus riche en vocabulaire pourra vivre une réalité plus nuancée. Si nous n'avons que deux choix, oui et non, nous sommes un interrupteur, et non un être humain. D'où l'intérêt de définir notre vie d'une manière plus précise.

Bien sûr, redéfinir une situation ne suffit pas à la changer, mais cela donne une direction. On peut définir ses expériences par des mots dynamiques, des mots qui ouvrent des perspectives. Pour changer, il est indispensable de transformer les mots-constats, les mots-impasses, en mots-chemins, en mots-projets.

Soyez attentif à la manière dont vos proches racontent ce qu'ils vivent. Combien de mots utilisent-ils ? Toujours les mêmes ou sont-ils variés ? Cela leur donne-t-il de la puissance ?

L'art des questions

Quand les questions sont bien posées, le problème est en cours de résolution : une question bien formulée permet de reconnaître le problème, tout en incitant le cerveau à chercher une solution. Chaque question est une présupposition, une influence, une direction. Certaines questions donnent du pouvoir, d'autres restreignent. En général, on vit ce qu'on s'attend à vivre. Nous avons des croyances et vivons des expériences qui les renforcent, selon notre *modèle du monde**. Le modèle du monde est l'ensemble des croyances, des idées toutes faites, que nous appelons notre réalité.

Exemples de questions bloquantes : « Mais enfin tu ne comprendras jamais ? Qu'ai-je fait au bon Dieu pour mériter ça ? Pourquoi est-ce que cela m'arrive encore ? »

Les vraies questions miraculeuses sont celles-ci : « Que puis-je faire de ce qui m'arrive ? Comment transformer ce que je vis ? Comment tirer parti des événements ? Comment renverser la situation ? Cette situation contient-elle une graine de chance qui va bientôt devenir visible ? »

Choisissez l'une des questions miraculeuses, ou composez-en une personnelle avec les ingrédients suivants : *Comment + ressenti + action + perspective + décision aujourd'hui.*

Affichez-la en permanence sous vos yeux, appliquez-la chaque jour et vous constaterez des transformations en quelques semaines.

L'art de la conjugaison

Comme le langage, le temps des verbes n'est pas neutre. Pour plus d'efficacité, placez les problèmes dans le présent et surtout le passé, et les solutions dans le futur et le présent. Transformez les situations en processus.

Comparez : « Je suis timide et me méfie des nouvelles personnes. J'ai du mal à me faire de nouvelles connaissances » avec : « Avant, j'étais timide et me méfiais des nouvelles personnes. Maintenant, il m'est beaucoup moins difficile de faire de nouvelles connaissances ».

Parlez d'un problème actuel au passé. Parlez, au présent ou au futur, d'une solution utilisée dans le passé. Commencez, bien sûr, par un problème léger, avant de vous attaquer aux problèmes de fond.

Une technique très puissante, et souvent discrète, est de considérer que le changement a déjà commencé. Installez les croyances nécessaires dans le passé. Votre esprit conscient ne s'est peut-être pas aperçu que vous étiez en route, alors que votre esprit inconscient avait déjà commencé à réfléchir à la question. « Dans les jours qui viennent, je vais sans doute découvrir des aspects de la question auxquels je n'avais pas réfléchi, et qui vont me mettre sur la voie. Peut-être pendant mes rêves, ou sans y penser particulièrement. Mon inconscient va créer des liens avec des moments que j'ai oubliés, pour en tirer la leçon. »

L'art de se parler à soi-même

Nous passons les trois quarts du temps à nous parler, à commenter la réalité, à évaluer les gens, à ressasser des souvenirs, à imaginer l'avenir. On appelle monologue ou *dialogue interne**, le discours intérieur. Ce dialogue s'arrête lorsque nous ressentons une émotion très forte ou lorsque nous entrons dans un état de rêverie.

Trop de gens se parlent mal, se jugent, se condamnent, se font des reproches. Certains mêmes s'insultent pour des peccadilles. C'est proprement effarant, car cela aggrave le problème.

Mieux vaut adopter une attitude bienveillante et encourageante envers soi-même, pour de meilleurs résultats.

Observez pendant une semaine **votre dialogue interne.** Traiteriez-vous un patron, un riche, un enfant comme cela ? Si oui, continuez. Sinon… dites-le avec des fleurs. Se maudire n'a jamais fait avancer sa cause. « Si je fais une erreur, ai-je tendance à la thésauriser pour me la reprocher pendant des semaines ? Est-ce que je m'en veux longtemps après l'incident ? Ai-je tendance à me malmener ? » Cette intervention sur votre dialogue interne modifiera également vos pensées, puis les émotions qu'elles développent. C'est véritablement un raccourci vers le bien-être.

Du bon usage des compliments

Faites-vous partie de ceux qui pensent que les compliments rendent prétentieux ? Pourtant, lorsqu'ils sont mérités, c'est une excellente nourriture. Pourquoi hésiter à vous féliciter, à vous encourager lorsque vous avez réussi quelque chose ? Cela forme un ancrage : en facilitant l'identification du processus de réussite, cela le renforce.

Complimentez-vous, modérément mais souvent, plutôt que beaucoup et rarement. Et, pourquoi pas, récompensez-vous. Vous pourriez décider de vous faire un cadeau dès que vous aurez franchi la première étape, puis la cinquième, etc.

L'art d'utiliser les croyances

Beaucoup de croyances se sont forgées dans l'enfance. Elles ont tendance à se renforcer avec le temps, car chaque expérience peut les nourrir. Si nous n'y prêtons pas garde, nous pouvons nous retrouver avec des croyances figées dans le passé, qui ne correspondent plus à la personne que nous sommes aujourd'hui. Cette opposition entre le présent et le passé est cause de souffrances.

Bien des croyances, qui étaient utiles lorsque nous les avons mises en place, sont devenues absurdes, ankylosantes. Elles forment une sorte de rideau de fumée, qui empêche la vision claire. Nous nous en apercevons parfois, mais la plupart du temps, nous préférons les garder comme des biens précieux, même si elles ne nous servent plus à rien.

POUR ÉLARGIR LES CROYANCES[2] :

1. **Demandez-vous l'âge qu'elles ont,** si elles ont votre âge ou si ce sont des croyances d'enfant, d'adolescent ou de personne âgée.
2. **Faites-les mûrir,** en vous demandant quels genres de croyances un adulte de votre âge peut développer, celles qui vous donnent de la puissance.

POUR ALLER AU-DELÀ DU BLOCAGE :

1. **Recherchez l'intention positive** de la croyance, même si elle est cachée derrière trois ou quatre couches d'intentions négatives.

---

2. Pour élargir vos croyances, voir, du même auteur, *Maîtrisez vos scénarios de croyances*, Genève, Éditions Jouvence, 2004.

2. **Imaginez** qu'un de vos amis blague sur cette croyance.
3. **Demandez-vous** ce qui se passerait si tout le monde croyait la même chose.
4. **Imaginez votre vie** sans cette croyance, ce que cela vous enlèverait, ce que cela vous apporterait.

L'art du changement

Deux voies mènent au changement : la nécessité extérieure, pour s'adapter. Et le désir intérieur, pour grandir. Conservez les aspects de votre vie qui vous conviennent, pour mieux développer votre potentiel. Vous pouvez faire la liste de tout ce qui vous convient dans votre vie et de ce que vous voulez améliorer. Puis, observez comment ce qui vous convient peut vous conduire à ce que vous voulez améliorer. Ce que vous voulez n'est pas si différent de ce que vous avez déjà.

La valeur des petites choses

Plutôt que d'attendre les profonds changements, assez rares, mieux vaut se concentrer sur la multitude de petits changements qui améliorent la relation à soi-même et au monde. Chaque fois que vous butez sur un problème, introduisez des changements, même minimes, dans la structure. Changez une ou plusieurs pièces du moteur, pour que vos capacités redeviennent un processus, et non pas un mécanisme figé.

Peut-être pouvez-vous introduire de légers changements dans la façon de parler à vos proches, à vos collègues. Soyez très courtois avec la caissière de la supérette, avec le boulanger. Acquiescez à une petite demande d'un proche, que vous refusez d'habitude, et voyez la différence.

Entraînez-vous au recadrage, en élargissant vos perceptions et votre conception de la réalité.

L'ancrage

On appelle *ancrer** le fait de fixer un état interne, en l'associant à une émotion. Nous le faisons en permanence, il suffit de le systématiser, de l'intensifier. Chaque fois que nous évoquons un souvenir ou même une idée positive, cela déclenche en nous un ensemble de processus, que nous traduisons par nos cinq sens.

Par exemple, nous pensons avec bonheur à nos vacances dans les Pyrénées, à la naissance d'un enfant, à une promenade dans un verger en fleurs. Nous voyons une image, entendons des sons et ressentons un bien-être.

L'ancrage peut aussi être négatif: nous ressentons de la colère en nous souvenant d'une injustice, ou de la peine en pensant à un disparu. Nous pouvons fréquemment remplacer les ancrages négatifs par des ancrages positifs.

Identifiez un processus de réussite et ancrez-le en lui donnant un nom, en en faisant une représentation visuelle. Ajoutez-y un ancrage physique: par exemple, serrer deux doigts d'une certaine manière. Ou appuyer sur une partie précise de votre corps. En associant un nom à une image, et une émotion à une pression des doigts, vous vous conditionnez positivement. Pour que l'ancrage soit efficace, il faut le répéter pour qu'il devienne automatique.

Sébastien s'affligeait chaque fois qu'il pensait à sa mère décédée. Il hésitait à modifier ce sentiment. Il avait l'impression qu'il fallait ressentir de la peine, pour lui être fidèle (obligation morale entraînant une impossibilité de changement). La négociation fut d'accepter de ressentir une partie de la peine, sans se faire envahir. Ainsi, lorsqu'il pense à sa mère, il ressent d'abord son absence, ce qui l'emplit de nostalgie. Puis, son chagrin le conduit à ressentir l'amour qu'il a pour sa mère. Puis, les raisons qu'elle aurait de se sentir fière de lui. Ainsi, sans nier sa souffrance, il ne sombre pas dans la complaisance.

Lisa, une jeune enseignante, se sentait mal à l'aise devant ses élèves. Elle choisit comme ancrage d'appuyer fortement ses orteils dans ses chaussures, de laisser les bras libres (sans serrer les mains), d'expirer profondément, tout en se répétant : « J'aime partager mon savoir avec les élèves. »

Nicolas, très réservé, n'osait pas s'approcher de Nadine. Pour se conditionner positivement, il décida de marcher très vite vers elle en se répétant mentalement : « Bonjour Nadine, bonjour Nadine, bonjour Nadine. »

L'ancrage peut être très amusant. Vous pouvez améliorer la confiance en vous, éviter des états de morosité inutiles, devenir plus efficace.

Pour des problèmes anciens, il faut faire des « empilements d'ancres ». Par exemple, une personne déprimée depuis dix ans changera rarement en dix minutes. La répétition d'ancrages systématique, l'empilement d'ancres permettent de rééduquer les conditionnements négatifs mis en place par l'éducation ou suite à des échecs personnels. Par exemple, chaque fois qu'un état négatif survient, ancrez un état positif. Ne gardez que les états négatifs instructifs et éliminez les états négatifs purement mécaniques qui viennent du passé et ne vous apprennent rien sur vous-même.

Négociation entre différents aspects de soi-même

L'idée de négocier avec soi-même vient d'un constat que chacun peut faire : notre personnalité est composée de plusieurs aspects, parfois en harmonie, parfois en conflit, parfois en dialogue. Tous veulent notre bien, mais parfois s'y prennent mal pour y parvenir ou tentent de le faire selon de vieux schémas dépassés.

Apprendre aux différents aspects (parties, tendances, facettes) de soi-même à négocier entre eux, c'est s'assurer de réduire les contradictions et les oppositions, sources d'inquiétude et de stress.

Identifiez deux parties (aspects) de vous-même en conflit. Peut-être veulent-elles s'exprimer en même temps, au lieu d'attendre leur tour. Par exemple, le besoin de sortir et le besoin de rester chez soi. Ou le désir de lire un livre et de regarder la télévision.

Représentez-vous chaque partie sous un aspect matériel : petit objet, petite forme, petit personnage. Présentez-les l'une à l'autre, et demandez que chacune explique ce qu'elle fait pour vous. Puis demandez-leur de trouver un terrain d'entente, puisque les besoins de chacune sont satisfaits.

Lorsque vous en aurez l'expérience, vous pourrez organiser une réunion de plusieurs parties de vous-même, comme une « assemblée personnelle ». Choisissez un endroit agréable et faites se rencontrer tous vos aspects : l'organisé, le créatif, le poète, le sage, l'enfant, l'aspect masculin et l'aspect féminin, l'artiste, l'artisan, le bricoleur, etc. Au début, limitez-vous à dix aspects pour éviter la pagaille. Que chaque partie de vous se présente aux autres et dise quelle est sa participation à votre personnalité et comment elle peut contribuer à l'expression d'autres parties. Vous pourrez donner rendez-vous à ces aspects de vous-même lorsque vous avez besoin d'être créatif ou de prendre une décision. Par la suite, vous constaterez sans doute que chaque aspect présente des caractéristiques exprimant ce qu'il est. L'artiste est plus souvent en retard que l'organisateur, le poète est plus confus que le bricoleur, etc.

Chaque partie au service du tout

En laissant s'exprimer ces différents aspects, souvenez-vous que les conflits proviennent souvent de désirs de s'exprimer simultanément, au lieu de successivement. Profitez-en pour identifier les aspects de vous-même, auxquels vous n'accordez pas assez de place, et qui se manifestent sous forme de frustration, d'ennui, de colère, etc. Imaginez que vous êtes un groupe d'amis. Chacun mérite de s'exprimer quelques heures par jour, par semaine ou par an. Peut-être avez-vous besoin d'augmenter votre dose de travail, de solitude, de fantaisie, de contacts ?

Agir

La seule utilité des projets est de se concrétiser et non de passer le temps. Vous connaissez sans doute des personnes qui sautent de projets en projets, sans en réaliser aucun. C'est un bon moyen de se gâcher la vie, de se couper de la réalité et de développer l'amertume.

Pour apprendre à agir, **associez de nouvelles actions** à ce que vous faites déjà. Par exemple, aller faire vos courses en repérant ce qui est en rapport avec votre projet : produits, affiches, discussions, titres de journaux, etc. Il est plus facile d'intensifier des comportements familiers, plutôt que d'en créer de nouveaux. Vous pouvez aussi profiter de la salle de bains ou du petit-déjeuner pour vivre l'humeur souhaitée, pour choisir l'acte à réaliser dans la journée, etc. Ou encore, profiter de votre trajet pour savoir quel mot aimable vous allez dire, et à qui.

Pensez processus : mettez la réalité en ordre, à votre service, en allant d'un point à un autre. Pensez étapes, chemin, escalier, étages, tout ce qui représente une progression et non un changement brutal. C'est la condition de l'efficacité. Vous pouvez même faire une sorte de plan, indiquant les principales étapes, un peu comme le carnet de bord des conducteurs de rallyes. Même si vous ne le suivez pas à la lettre, cela vous aidera à garder le cap.

L'art du mouvement

Avez-vous remarqué à quel point notre physiologie influence nos émotions ? En général, les pensées tristes nous recroquevillent, les pensées gaies nous ouvrent. Le plus intéressant, c'est qu'il est très difficile de maintenir des pensées tristes en dansant ou en chantant.

Bougez, étirez-vous. Si vous le pouvez, sautez ou dansez. Utilisez votre dynamisme pour modifier votre humeur. Certaines musiques ont aussi le pouvoir d'alléger votre humeur ou de vous mettre dans des dispositions d'esprit favorables. Lorsque vous vous sentez dominé par une émotion qui ne vous apprend rien, apprenez à en changer. Les émotions sont liées à une certaine forme de respiration, profonde, saccadée, haute ou basse, thoracique ou ventrale. En agissant sur votre respiration, vous avez le pouvoir de réorienter les habitudes émotionnelles.

L'art du changement des émotions

Les émotions positives peuvent être élargies, en cherchant plus souvent ce qui les déclenche. Il vous suffit d'être attentif, de les conscientiser, pour les intensifier et les rendre plus fréquentes.

Les émotions négatives sont un signal indiquant le besoin de changer quelque chose. Au lieu de lutter contre celles qui nous envahissent parfois, autant les accueillir pour mieux les transformer.

Considérez qu'elles contiennent **un message caché**, la clé pour résoudre une préoccupation. Quel message contient la peur ? L'ennui ? La frustration ? La colère ? La peine ? La déception ? La culpabilité ? L'impuissance ? Complétez avec vos propres mots.

Écoutez vos émotions comme si c'était un aspect de vous-même qui vous parlait. Par exemple, au lieu de dire : « Je me sens découragé quand je sens qu'on ne m'écoute pas », dites : « Ce sentiment de découragement m'appartient. Est-ce que je le ressens souvent, et depuis longtemps ? Qu'est-ce qu'il est en train de me dire ? Que puis-je faire pour répondre à son attente ? » Écoutez vos propres conseils quand ils vous apaisent et qu'ils correspondent à vos souhaits profonds.

Le pont sur le futur

Une fois ses objectifs déterminés, il est indispensable de créer un pont sur le futur, en imaginant toutes les manières possibles de les réaliser, aujourd'hui, dans une semaine, un mois et un an. Chaque personne a sa propre *ligne du temps** : l'un se souvient des événements qui se sont déroulés voilà dix ans « comme si c'était hier » ; pour un autre, les événements du mois dernier « sont très loin déjà ».

Avez-vous tendance à vivre dans un éternel présent ? Ou dans le passé ? Ou trop dans l'espoir que le futur vous comblera ?

Pour construire un pont sur le futur, mettez en pratique aussitôt ce que vous apprenez. Il n'existe pas un moment où vous en saurez suffisamment pour créer un instant parfait. Tel un chef d'orchestre, un pâtissier, un bricoleur, vous avez le droit de balbutier, de tester, de gâcher du matériel…

Une autre manière de faire est de construire ce pont depuis le futur. Imaginez-vous tel que vous serez dans dix ans ou après avoir passé avec succès une épreuve actuelle. Et c'est le « vous du futur » qui vous donne le mode d'emploi, qui vous conseille et vous encourage.

Exemples d'interventions

*Synchronisez-vous** avec les autres, en les écoutant vraiment, en étant « dans la même bulle ». Spontanément, lorsqu'on s'entend bien avec quelqu'un, on a tendance à adopter des attitudes similaires, bougeant ensemble, comme dans une danse inconsciente.

Testez plusieurs manières de reconsidérer le problème, de le redéfinir. Changez votre façon de l'envisager, votre point de vue, prenez de la distance, prenez du recul, de la hauteur.

Changez la *façon* d'avoir un problème ou de le ressentir. Prenez un de ses aspects et grossissez-le jusqu'à l'absurde, réduisez ou amplifiez une sensation physique. Racontez-le comme s'il était déjà au passé et comment vous avez fait pour vous en sortir.

Changez l'heure du problème. Au lieu de se plaindre en rentrant chez soi, plaignez-vous uniquement quand vous êtes seul en voiture ou dans l'ascenseur. Réservez un sas de plaintes, et n'en débordez pas.

Changez la durée du problème. Si vous restez en colère pendant deux heures, testez trois heures, puis une heure.

Changez la fréquence du problème. Au lieu d'avoir un conflit par semaine, conservez un jour par quinzaine, puis une fois par mois.

Tournez sept fois la langue dans la bouche avant de faire un reproche à quelqu'un. Différez le problème. Au lieu de vous énerver, décidez d'être contrarié un peu plus tard dans la soirée.

Changez la scène du problème. Transférez un souvenir de salle de classe en plein air, un souvenir du bureau dans une salle de cinéma, un problème affectif dans un grand magasin. La foule, le regard des autres, le changement de décor influencent profondément notre perception des problèmes et libèrent notre créativité pour les régler.

Changez la perception des « moments de vérité », c'est-à-dire les moments où vous vous faites une opinion sur les gens, les situations, les commerces, les produits.

Découpez chaque changement souhaité en petits morceaux accessibles. Par exemple, les déprimés vivent souvent dans un magma, car ils agglutinent les problèmes de nature différente, la météo, le mal de ventre, l'attente d'une somme qu'on leur doit, la crainte d'une maladie, la mort d'un proche. Pour résoudre les problèmes, au lieu d'en construire des murs ou des murailles, les redécouper en briques, comme les pièces d'un puzzle. Les personnes qui vont bien apprécient les petites choses et découpent ainsi spontanément les gros problèmes en une série de problèmes à résoudre les uns après les autres.

Proposez des choix fermés qui rendent indispensable le changement. Par exemple : « Vais-je être agréable avec telle personne mercredi ou jeudi ? » Puisque le changement est inévitable, vais-je le préparer lentement ou plus rapidement ? Sur certains points, j'ai peut-être envie de changer rapidement (arrêter de fumer) ou par à-coups (arrêter d'être exaspéré par mon enfant) ou lentement (retrouver la forme). L'important est de trouver le bon chemin et d'avancer.

Symptômes indéterminés

Il arrive qu'on ressente un malaise, sans cause identifiable. On ne sait pas vraiment quelle en est l'origine. Une bonne méthode est la « prescription du symptôme » : au lieu d'éviter un malaise, vous décidez de l'amplifier, à un moment où il ne devrait pas se produire. Cette méthode, appelée aussi « intention paradoxale », produit d'excellents résultats. Poussez-vous dans vos retranchements, allez à la limite de l'absurde, et vous constaterez que ce qui provoque un malaise est souvent l'idée qu'on s'en fait, plus que la situation. Nous nous attendons à ressentir quelque chose et nous le ressentons. En apprenant à ressentir autre chose, nous ressentirons autre chose. Au lieu de rester emprisonnés par nous-mêmes, nous comprimons la réalité, jusqu'à ce qu'elle aille en sens contraire. Par exemple, si je décide d'aller très mal dans la minute qui suit, par mécanisme d'opposition, je peux me sentir bien. Si une personne décide de rater tout ce qu'elle fait dans la journée, il est possible que cela débouche sur un fou rire.

Différents processus

Les processus (qu'on appelle parfois protocoles, techniques ou outils-PNL) sont des exemples à adapter. L'important est de suivre leur schéma : reconnaître le blocage ; faire appel aux ressources ; mettre en route un processus vers un objectif qui procure des résultats et des sensations vérifiables et non vagues ; identifier des étapes même petites. Appliquez-les d'abord à des actions à faible enjeu.

Pour réduire les douleurs physiques, visualisez ce que vous ressentez, l'endroit de la douleur, sa couleur, sa forme, sa taille, sa luminosité, son poids, si elle est terne ou mate, si elle émet un son, si elle se déplace. Observez-la attentivement comme si c'était une chose, déplacez-la, modifiez un de ses aspects. Vous constaterez très souvent qu'au bout de quelques minutes la douleur s'atténue.

Pour augmenter la confiance en soi, imaginez que vous êtes dans la situation que vous redoutez et que vous êtes en transe, en état hypnotique, en train de rêver, et qu'une foule vous applaudit à tout rompre. Imaginez-vous après le moment redouté. Utilisez ce procédé pour atténuer l'inquiétude d'un examen ou d'un entretien important : quoi qu'il arrive, ce moment sera derrière vous, et le futur sera bientôt un souvenir.

Pour augmenter l'intérêt de la vie : si vous manquez de passion, fréquentez des gens passionnés ou imaginez comment vivent les passionnés. Il y a tant de choses passionnantes et tant de gens passionnés. Imaginez que vous discutez avec un assyriologue, qui évoque les grandeurs et la magnificence des textes sumériens et babyloniens datant de cinq mille ans. Ou un jardinier, ses immenses connaissances. Ou votre voisin, qui travaille dans un domaine qui vous semble étrange ou sans attrait. Ce qui déclenche la passion, c'est la curiosité, le bonheur d'apprendre, l'enthousiasme, le plaisir de partager.

Pour résoudre ou réduire les phobies

On appelle phobies les craintes irraisonnées, qui ne sont pas nées dans le présent et qui se répètent. Une phobie peut perturber, même quand elle est imaginaire. Par exemple, l'évocation d'une araignée peut faire peur, même en étant assis dans un fauteuil sans araignée visible. Ce qui est prodigieux dans les phobies, c'est qu'il s'agit de rares comportements qui peuvent être appris en une seule fois. Par exemple, une personne manque de se noyer et a, ensuite, durablement peur de l'eau. Un adolescent bafouille en classe et en déduit qu'il doit avoir peur de parler en public.

Parfois même, les phobies peuvent être transmises par des parents ou éducateurs, par une peur soudaine et incompréhensible. Bien des femmes ont appris la peur des souris par leur mère ou dans des films, alors qu'elles n'en ont jamais eues dans leur appartement.

Souvent, on constate que ce n'est pas l'événement seul qui provoque la phobie : une violente émotion y est associée. D'où l'intérêt de se « dissocier » pour s'en libérer. Posez-vous, durant les étapes suivantes, ces questions : comment est-ce que je sais cela ? Comment est-ce que je le vérifierai ? Qu'est-ce que cela peut me faire comme bien ? Comment remettre en route une émotion figée ?

1. Visualisez-vous au cinéma ou devant la télévision, confortablement installé. **Devenez observateur** et non pas acteur de ce que vous vivez. Vous n'allez conserver que l'enseignement de la phobie, l'appel à la prudence, comme une petite veilleuse qui vous avertira en cas de vraie urgence. Commencez par remercier cette phobie de tout ce qu'elle a fait pour vous jusqu'à aujourd'hui, notamment ses efforts pour vous avertir d'un danger ou vous épargner un dégoût profond.
2. Vous voyez un film sur l'écran, vous ressentez cette phobie. **Respirez calmement**, vous êtes en sécurité.
3. **Modifiez** le film, en l'éloignant, en le changeant en noir et blanc, en rendant le son criard, etc. Vous pouvez aussi ne voir qu'une partie de l'écran, par exemple des morceaux d'araignées disséminées comme un puzzle. Ou encore, des parties de différentes couleurs, des pattes multicolores

avec des chaussettes ou des chaussures, sa tête avec un nez de clown.

4. **Amusez-vous à avoir peur,** en vous demandant comment réagiraient des adolescents, des sportifs, des militaires, devant cette situation. Demandez-vous aussi comment font certaines personnes pour trouver plaisir à cela : ce qu'elles croient, ce qu'elles se disent, ce qu'elles apprennent, ce que cela leur procure. Modifiez le scénario : par exemple, au-dessus du vide vous découvrez un filet, ou ce n'est qu'un trompe l'œil, vous vous trouvez à cinquante centimètres au-dessus du sol.
5. **Changez l'acteur.** Ce n'est plus vous, mais une personne qui a l'habitude de ce genre de situations : un parachutiste si c'est le vertige, un éleveur d'animaux si c'est une phobie de certains animaux. Demandez à cet acteur de s'adresser à vous depuis l'écran et de vous dire quelle attitude adopter face à cette phobie. Quelle que soit la situation, vous pouvez être certain que des humains y trouvent de l'intérêt. N'importe quelle peur a déjà été abordée et conquise par quelqu'un, souvent avec grand plaisir.
6. Associez-vous à ces ressources : **ressentez le plaisir** ou le bien-être de la personne que vous voyez sur l'écran, vivez l'expérience avec son regard. Sentez comme vous êtes bien, en train d'observer cette personne qui n'a plus cette phobie.
7. Remerciez de nouveau la phobie et **rebaptisez-la d'un nom atténué**. Par exemple : « Terreur des araignées » devient « Curiosité gênée devant ces

bestioles répugnantes » ; « Peur de conduire sous la pluie » devient « Exercice de respiration au volant en chantant *Singing in the Rain* ».

La praline belge

Une manière formidable de résoudre une phobie est la technique de « la praline belge ». Imaginez un rocher au chocolat, brillant et attirant. Le désir monte. Puis un rocher au chocolat grand comme un saladier. Le désir peut s'intensifier. Puis un chocolat grand comme une pièce. Le désir se réduit. Puis un chocolat grand comme un immeuble. Souvent, c'est le désintérêt ou le dégoût. L'idée c'est que, pour maintenir un problème, il faut un certain dosage. Si on augmente l'un des composants du problème, il n'agit plus. Un ascenseur sur le vide fait peur. Si le vide est de dix mille kilomètres, comme le cerveau est incapable d'en faire une représentation précise, il ne peut pas déclencher la peur. De même, une araignée de dix mètres de haut est effrayante, mais une araignée de cent kilomètres de haut devient une abstraction.

Utilisez cette technique pour jouer avec vos métaphores. Par exemple, si vous dites : « J'aurais aimé me réfugier dans le trou d'une souris, rentrer sous terre », imaginez que vous êtes tout petit et que vous rejoignez le royaume des souris. Ou : « Je me sens pousser des ailes », imaginez que vous volez au-dessus de la ville.

En devenant le scénariste de vous-même, vous contrôlez les images, vous les embellissez, les rendez brillantes ou amusantes. Ou vous les classez dans un coffre au grenier, comme des souvenirs à conserver, mais sans utilité immédiate.

Enfin, vous comprenez le mode d'emploi de vous-même, pour votre plus grand épanouissement…

Lexique

ANCRER, ANCRAGE : manière de fixer une solution à un problème, un état intérieur positif, en associant une sensation à une expression mentale et à une image.

ASSOCIATION : vivre les choses de l'intérieur. Souvent utile pour faciliter les scénarios de réussite.

BÉNÉFICES SECONDAIRES : satisfaction négative obtenue en maintenant une attitude qui ne nous plaît pas.

CALIBRAGE : manière fine d'observer quelqu'un, pour mieux connaître ses réactions et ses pensées.

CONGRUENCE : fait d'être en accord avec soi-même. Ce qui est exprimé correspond vraiment aux croyances profondes.

DIALOGUE INTERNE : commentaire quasi-permanent que l'on fait de la réalité, pensées échangées avec soi-même, comme si on était son propre interlocuteur.

DISSOCIATION : voir les choses de l'extérieur. Souvent utile pour réduire l'impact émotionnel des problèmes ou des phobies.

Intentions positives : ce qu'un aspect de soi-même veut vraiment faire, une fois qu'on a traduit son langage et qu'on a ôté le voile des mauvaises habitudes.

Interface : ce qui lie quelque chose à autre chose, ce qui permet de traduire un problème en comportement, une croyance négative en croyance positive.

Ligne du temps : notre façon d'envisager le temps. Si l'on vit trop dans le passé ou trop dans le futur, on risque d'être malheureux. Imaginez le temps comme une ligne sur laquelle vous vous déplacez, allant chercher des ressources dans les expériences du passé et dans le futur.

Modèle du monde : ensemble de conceptions et de croyances sur ce qu'est réellement le monde, ce qui nous paraît évident sans même y penser.

Modélisation : fait de prendre une personne comme modèle, en détaillant son ressenti et ses croyances. On peut aussi prendre le soi-même du futur comme modèle, en imaginant comment on sera, et en observant, depuis le futur, le chemin parcouru.

Réactivation : circonstances de la vie qui réveillent de vieux comportements dont on a parfois oublié l'origine.

Recadrage : manière d'élargir le contexte pour davantage d'efficacité. Comme une personne coincée dans une gorge montagneuse, à qui on enverrait des images de tout le paysage et des chemins qu'elle n'avait pas encore découverts.

Scénarios : on appelle scénarios les processus complexes qui nous conduisent à revivre indéfiniment les mêmes schémas, pratiquement toujours dans le même ordre, parfois dans la même durée. Nous avons des scénarios psychologiques, émotionnels, de croyances, comportementaux. Ce sont des conditionnements, mis en place pour des raisons valables, mais dont certains aspects sont devenus pesants avec le temps. Autant favoriser les conditionnements qui vous conviennent aujourd'hui.

Sous-modalités : ensemble des manières que nous avons de traduire une expérience, dans un langage que nous pouvons comprendre concrètement, par nos cinq sens.

Synchronisation : il s'agit d'adopter des gestes proches de ceux de vos interlocuteurs, de respirer de la même façon, de parler sur le même ton de voix, d'utiliser des mots dans le même registre : des mots visuels si la personne utilise un langage visuel (d'un certain point de vue, si on considère les choses de cette façon, je ne vois pas cette personne comme toi), un langage auditif (je me dis, quelque chose me dit, j'entends bien, ce n'est que du blabla) ou un langage kinesthésique (je ressens les choses ainsi, je me sens bien, cela me fait chaud au cœur, je suis soulagé d'un grand poids). Vous pouvez vous amuser à repérer le langage de vos proches et leur parler en utilisant le même genre de métaphores. Souvent, cela suffit à réduire les quiproquos.

Zone de confort : notre territoire habituel fait de nos réactions familières des croyances qui nous semblent évidentes, des émotions que nous connaissons bien. On quitte sa zone de confort quand l'enjeu est suffisant, pour agrandir son territoire, son expérience.

Bibliographie

BANDLER Richard, ANDRÉAS Connirae et Steve, ST-PAUL Josiane de, THI OANH Lê, *Un cerveau pour changer*, Paris, Interéditions, 2000.

BANDLER Richard, GRINDER John, *Les secrets de la communication*, Montréal, Le Jour, 2002.

BENOIT J.-C., MALAREWICS A., *La stratégie en thérapie de Milton Erickson*, Paris, ESF, 1997.

DEBAILLEUL J.-P., BRASEY Édouard, *Vivre la magie des contes*, Paris, Albin Michel, 1998.

DILTS Robert, *Croyances et santé*, Paris, Desclée de Brouwer, 1996.

LABORDE Génie, *Influencer avec intégrité*, Paris, Interéditions, 1987.

LOCKERT Olivier, *Hypnose*, Paris, IFHE, 2001.

O'HANLON W., WEINER-DAVIS M., *L'orientation vers les solutions*, Bruxelles, Éditions Satas, 1995.

PERLS Frédérick, *Manuel de Gestalt-thérapie*, Paris, ESF, 2003.

ROBBINS Anthony, *L'éveil de votre puissance intérieure*, Montréal, Le Jour, 1994.

SALOMÉ Jacques, *Contes à aimer, contes à s'aimer*, Paris, Albin Michel, 2000.

SATIR Virginia, *Thérapie du couple et de la famille*, Paris, Desclée de Brouwer, 2003.

ST-PAUL Josiane de, CAYROL Alain & GRINDER John, *Derrière la magie*, Paris, Dunod, 2000.

TURNER Jane & HÉVIN Bernard, *Manuel de coaching*, Paris, Dunod, 2003.

Du même auteur

L'Analyse Transactionnelle au quotidien, Genève, Jouvence, 2004.

Maîtrisez vos scénarios de croyances, Genève, Jouvence, 2004.

Les styles de personnalité, Genève, Jouvence, 2004.

Rendez-vous avec l'intuition, Paris, Trédaniel, 2004.

Comment sortir de son corps, Paris, Trajectoire, 2004.

Ne plus se laisser manipuler, Genève, Jouvence, 2003.

La réconciliation, Genève, Jouvence, 2003.

Développez votre humour !, Saint-Jean-de-Braye, Dangles, 2003.

Rire pour vivre, les bienfaits du rire, Saint-Jean-de-Braye, Dangles, 2003.

Le jeu des vies antérieures, avec Mark Kucharz, Paris, Exergue, 2003.

Pratique de l'auto-hypnose, Genève, Jouvence, 2002.

Messages de l'après-vie (témoignage), Agnières, JMG, 2000.

Retrouvez vous-même vos vies antérieures, Paris, Trajectoire, 1998.

Vous pouvez sortir de votre corps, Paris, Presses du Châtelet, 1996.

L'homme de feu (roman), avec J.-G. Imbar, Paris, Carrère, 1987 (épuisé).

La vie est ici (roman), Paris, Mots d'Homme, 1986.

Chouans (novélisation), Paris, Calmann-Lévy, 1986.

Anti-suicide (essai), avec V. Péchin, Paris, La Table ronde, 1984.

Jésus de Manhattan (roman), Paris, La Table ronde, 1979 (épuisé).

Contingent Chagrin (roman), Paris, Hallier, 1978 (épuisé).

Contacter l'auteur

BERNARD RAQUIN
organise des séminaires
de développement personnel.

Pour recevoir le programme, écrivez-lui à :
BP 168 – 75224 Paris CEDEX 05

Ou visitez son site web :
www.bernard-raquin.com

Notes personnelles

Notes personnelles

www.editions-jouvence.com

Envie de bien-être ?
editions-jouvence.com
Le bon réflexe pour :

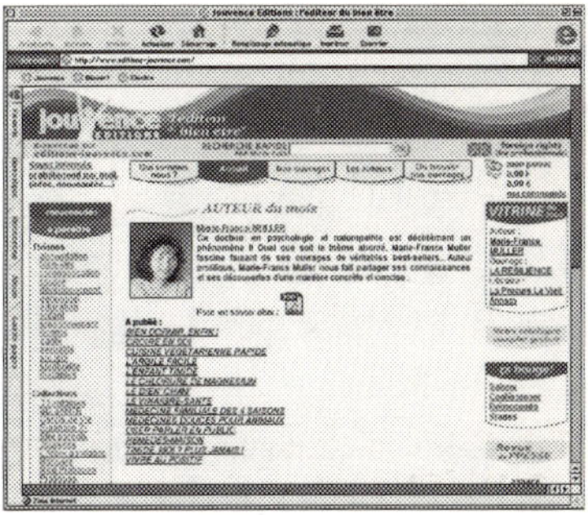

Être en prise directe :

• avec nos **nouveautés** (entre 30 et 40 par année),

• avec nos **auteurs** ; Jouvence attache beaucoup d'importance à la personnalité et à la qualité de ses auteurs,

• tout notre **catalogue**… plus de 250 titres disponibles,

• avec **les Éditions Jouvence** : en nous écrivant et en dialoguant avec nous. Nous y répondrons personnellement !

Mais aussi chaque mois :

• découvrir **le livre du mois** : chaque mois un livre est particulièrement mis en évidence et nous vous faisons partager notre enthousiasme,

• apprendre à mieux connaître **l'auteur du mois** : chaque mois un auteur est particulièrement mis en évidence. Interwievé, il parle de sa pensée, de ses projets, de ses coups de cœur,

• découvrir aussi **la librairie du mois** et ses particularités : il y a toujours, proche de chez vous, une librairie qui aime et connaît bien son métier. Elle saura vous conseiller.

Mais encore :

• **commander** vos livres dans une librairie proche de chez vous grâce à notre liste de librairies en France, Suisse, Belgique et Canada,

• **commander** en ligne,

• **communiquer** directement avec nos auteurs : vous trouverez leurs coordonnées postales, leur e-mail et site internet,

• **vous informer** en direct de leurs stages et conférences : nos auteurs sont à votre disposition, ils aiment à prolonger leur message par un enseignement direct.

Le site web de la découverte !

Demande de catalogue gratuit

Nom : .... Prénom : ....

Adresse : ....

....

Code postal : .... Ville : ....

❑ Je désire recevoir votre catalogue gratuit.

❑ Je désire être informé de vos publications.

À recopier ou à découper, puis à envoyer à l'une des deux adresses ci-dessous : **Éditions Jouvence**

Suisse : CP 184, CH-1233 Genève-Bernex

France : BP 7, F-74161 Saint-Julien-en-Genevois Cedex

Dumas Titoulet Imprimeurs
42000 Saint-Etienne
Dépôt légal : juin 2004
N° d'imprimeur : 40873C

Imprimé en France